DANGDAI GUOWAI JIAOXUE LILUN ➤➤

新世纪教师教育丛书·修订版

袁振国　主编

当代国外教学理论

郝志军 等　编著

教育科学出版社
·北　京·

《新世纪教师教育丛书》修订版前言

振兴民族的希望在教育，振兴教育的希望在教师。

教师是一种专门化的职业，它有自己的理想追求、有自己的理论指导、有自觉的职业规范和成熟的技能技巧，具有不可替代的独立特性。教师不仅是知识的传递者，而且是道德的引导者，是思想的启迪者，是心灵世界的开拓者，是情感、意志、信念的塑造师；教师不仅需要知道传授什么知识，而且需要知道怎样传授知识，知道针对不同的学生采取不同的教学策略。教师职业的专门化既是一种认识，更是一个奋斗过程，既是一种职业资格的认定，更是一个终身学习、不断更新的自觉追求。中国教师队伍的培养和培训正在发生着历史性的变革，正在从发展数量向提高质量转变，提高质量将成为新世纪教师队伍建设的主旋律。在这种转变的过程中，无论是职前培养还是职后培训，无论是教育机构还是教师个人，都需要以一种新的姿态迎接这一转变。

从我们对广大中小学的调查中了解到，面对全面推进素质教育的新形势，当今教师迫切需要不断更新教育理念，提高将知识转化为智慧、将理论转化为方法的能力，提高将学科知识、教育理论和现代信息技术有机整合的能力，增强理解学生和促进学生道德、学识和个性全面发展的自觉性。为了响应这种挑战，广大的师范院校和教师培训机构都在积极探索教师教育的新内容和新方法。以华东师范大学为例，1996 年起，就有组织地开发了现代教育理论与教育实践紧密结合的新课程系统和教学模式，这些课程包括：教育新理念、课程理论与课程创新、现代教育技术、教育评价与测量、当代教学理论、教学策略、心理健康指导、网络教学、课件制作、教会学生思维、师生沟通的艺术、优秀班主任研究、中小学教学与管理案例分析、教育研究方法、基础教育改革的理论与实践等。参加课程开发的教师60%具有教授、副教授职称，80%具有硕士、博士学位。这一项目列入了教育部师范司“面向21世纪高师教学与课程改革计划”重点项目。我主持了这一项目的研究和实践。根据边实践、边研究、边总结、边改进的方针，经过几轮教学，逐渐形成了一批相对成熟的教材，经过精选整合、修改补充，于2001年由教育科学出版社出版。由于这套丛书理念新、注重理论联系实际、强调可操作性，出版以后受到了读者极大欢迎，数次甚至数十次重印，为满足教师教育的新形势、新要求，尽了绵薄之力。

正是由于这套丛书影响大、受欢迎程度高，所以更增强了我们的责任感。丛书出版的六年多来，教师教育的知识、观念不断更新，教师教育的实践不断发展，我们对教师教育课程的认识也不断深化，为此，根据教师教育的新形势和新要求，我们对《新世纪教师教育丛书》进行了修订。这次修订包括两方面，一是对第一版图书进行了较大修订，更新了内容，改善了结构，修饰了语言，修订了错误；二是丛书新增了若干选题，以反映教师教育的新要求。

祝愿丛书与我国一千多万中小学教师共同成长。

袁振国
2007年7月

前　言

近年来，主要发达国家的教学理论得到进一步发展，以学习者为中心，关注个性人格和思维发展，关注教学的有效性，强调反思、对话、交往合作的教育教学理念和方法策略，不但迎合了世界教育改革与发展的国际潮流，也深刻地影响着我国的教育改革，特别是对我国新一轮基础教育课程改革产生了积极影响。

为了合理地借鉴和吸收当代国外教学理论最新进展和研究成果，让广大的中小学教师了解、掌握和应运这些先进的教学原理和模式方法，进一步提升教师的专业发展水平和教育教学质量，我们重新修订了《当代国外教学理论》一书。

本次修订力求把握国际教育教学理论研究的最前沿，坚持前瞻性、科学性和实用性相结合的原则，着力反映当代国外最新的教学理论、思想、模式、方法策略。一是理念和内容的新颖性。书中所设计、介绍和选择的各个教学理论的思想、观点、模式和方法策略，都是近年来在各国教育教学中影响大、反响强、理念新的具有代表性的教学理论，基本上代表了当代教学研究的最新成果和研究水平；二是体例和框架独创性。本次修订改变了原著第一版结构框架，更换了作者，扩充了大量最近几年来国外新的教学研究成果。此次修订版的结构不是严格按照历史的顺序编排，而是按照当今国外教学理论的影响力和流行度来设计的。修订后的“绪论”部分论述了当代国外教学理论的基本格局、走向以及对我国教育教学研究和改革实践的影响，全书各章节每个标题都力求概括和体现相关教学理论流派的思想精髓，围绕这些思想精髓，介绍和分析各个教学理论的内涵、特征、历史发展、教学过程的思想和方法，并有简要的评析；修订版还注意了语言表述的通俗性。本书力避枯燥地介绍国外的理论，着力体现国外教学理论中便于中小学教师读懂、理解、运用的方面，力求语言表述的通俗化和简易化。而且，书中选取了大量丰富的国内外教学案例、数据、图表等，图文并茂、生动活泼，是一线教师开展教育教学培训、研究和指导实践的必读之书。

本书系中国教育科学研究院相关专业研究人员集体编写。各章编写者如下：前言、绪论和第一章，郝志军；第二章，张彩云；第三章，刘晓楠；第四章，田凤；第五章，邓友超；第六章，方铭琳。全书由郝志军负责统稿。

目　录

绪论：当代国外教学理论的走向及对中国的影响

20 世纪五六十年代以来，特别是近十多年来，国外教学理论得到长足的发展，关于教学的新观点、新思想及其相应的教学策略和方法不断涌现，对我国教学理论和改革实践产生了广泛而深刻的影响。

一、当代国外教学理论发展的基本走向

总体上看，当代教学理论基本上是在科学主义与人文主义两大主流的研究传统之间更替和发展着，并相互借鉴和吸收，有进一步融合的趋势。

赫尔巴特主知主义教学理论主要沿着两条线索向前发展：一种是经实用主义、行为主义和认知主义的改造和发展，把教育心理学化运动引向科学实证的研究轨道；另一种是经过杜威的经验实用主义的改造和发展，把卢梭开创的儿童中心主义的思想引向人文伦理的研究轨道。此外，苏联和我国的教学理论研究基本上秉承了赫尔巴特的哲学研究传统，只不过是对它进行了马克思主义认识论的改造。

当代国外教学理论是在学术争鸣的氛围中向前发展的。杜威的实用主义教学理论对赫尔巴特学派的传统教学理论的批判与斗争，实现了知

识授受教学向经验获得教学的转变；以斯金纳为代表的行为主义教学思想流派与以罗杰斯为代表的人本主义教学思想流派在20世纪50年代初围绕人及其在教学中的地位问题，展开论争交锋，形成行为化的操作性教学与人文化的情意（人格）教学的长期对峙。在各流派相互争鸣的作用下，当代教学理论不断吸收融合科学与人文的合理因素，作出向更高层次整合的尝试。布卢姆把教学目标分成认知、情感和动作技能三大领域，提出教学目标分类学理论。我们从中可以看到杜威的实用主义、布鲁纳的认知结构主义和行为主义教学思想的有机融合；罗杰斯的人格教学理论既注重系统知识和技能的获得，更强调教学应合乎时代要求的伦理道德观念，并把知识与技能的获得统整于新型的伦理道德观念之下。20世纪70年代以来，随着教学理论研究“自我意识”的进一步觉醒，人们借鉴现象学、解释学和分析批判哲学的思想和理论，更注重回归教育问题本身，回归现实的教学生活实践之中，在主客体交融和交往实践中，进行整体的、诠释的、体验的把握，不断彰显了教学理论的人文性和主体精神。建构主义教学理论、多元智能理论、反思性教学理论等也纷纷登场，质的研究方法如田野研究法、叙事研究方法、行动研究方法已开始渗入研究者对教学现实问题的研究之中，产生了一幅蔚为壮观的新的研究景象。

如果说赫尔巴特的教学理论主要关注教师教的方面，关注课堂教学管理实践层面，杜威的教学理论已开始关注于学生学的方面，关注教学生活实践层面的话，那么，当代的伦理教学理论则进一步向教学交往实践层和教学观念实践层拓展与深化。当代教学理论不仅扩充了传统的课堂教学管理所论及的范围，而且沿着杜威开创的关注和指向教学生活实践的道路，重新审视和探讨了教学论中的独白与对话、自由与纪律、公平与效率、民主与权力的关系，更加充满教学中的人文情怀，特别是后现代主义教学理论从不同角度尤其是在方法论和元认知层面对传统教学理论的知识观、学习观、师生观和教学观进行了批判和解构。

另外，当代教学理论对教学情境复杂性的揭示，也拓展了教学理论研究的视角。教学理论研究不可能只是一种视角、一种观点、一种依据，而是体现出多元思维、多重视角、多种观点的整合。多伊尔（Doyle，W.）曾从六个方面分析了教学系统的复杂性，教师在课堂中的任务不仅仅是系统地传授知识，而是要面对多维的工作任务，同时发生的课堂问题、刻不容缓的问题反馈、事件发生的不可预测性、活动的公开性和社会历史文化传统对教学的制约性。[①] 如此看来，用一种模式或一种视角，无论如何也不能全面把握教学活动的复杂性，而必须用多种角度和多种研究方法予以整体把握，进而融入到教学理论的整体性之中。如从哲学的视角予以反思、提炼和综合，从科学和经验的视角分析教学过程各个因素及其相互关系，揭示其规律性；从艺术视角去体验教学过程之中的情感与美感；从价值的视角去挖掘教学活动中的道德性和人文性因素等，这样综合的研究，不仅会使教学理论成分丰满，而且更为深刻。

概括起来，当代国外教学理论的基本走向，大体强调以下几个方面。

1. 面向学习者

面向学习者，以学习者为中心是当代国外教学理论的主题，也是对传统教学理论片面强调教师教的超越。罗杰斯强烈地批判了传统教学理论对学生主体性和好奇心的压制，围绕“以学习者为中心”的教学目标，提出了“非指导性教学”的教学主张；赞科夫的教学理论是以学生的一般发展为最终追求的，他认为一般发展不仅包括智力发展，而且包括情感、意志、道德品质、个性特点和集体主义精神的发展，并且一般发展还应当包括身体的发展。探究式教学理论、有效教学理论、对话教学理论和多元智能教学理论更是强调以人的发展为教学的出发点和落脚点，积极倡导主体的主动探究、最大限度地促进人的发展、在平等对

① Armstrong D G. Teaching today：An Instruction to Education［M］. 6th ed. New Jersey：Merrill Prentice Hall，2001：11－15.

话中建构有意义的知识和多层面、多角度开发和培养人的优势潜能。

2. 关注合作交往

对话教学理论认为，师生之间、生生之间应是一种平等、民主、和谐，并充满人情关怀的关系，是一种“你我”关系、一种交融沟通的关系、一种理解的深层交往关系。只有建立起这种情意融融的交往合作关系，才能真正确立学习者的主体地位，发挥学习者的主动性和创造性。对话即包含、对话即创造、对话即“多重和声”、对话即理解的观点，体现了对话教学理论的核心观点，是对交往与合作理解的深化。

3. 自主建构知识

探究式教学理论强调学习是主体基于情境的自主建构或主体与环境之间相互作用的观点。就是说，学习并不是把知识从外界搬到学习者的记忆中，而是以学习者已有的经验为基础，通过与外界的相互作用来建构新的知识的过程。在学习的过程中，原有的知识由于新经验的介入而发生调整和改变，因此，学习并不是简单的信息积累、信息加工，它包含由于新旧经验反复的、双向的相互作用过程。由此可以推断出，学习不是一个被动吸收、反复练习和强化记忆的过程，而是一个以学生已有的知识和经验为基础，通过个体与环境相互作用主动建构意义并由学习者以自己的方式建构对事物的理解的过程。同时，学习也是一个对话和合作的互动过程，通过对话与合作，师生构建起真实的、有意义的知识。

4. 为理解或思维而教

理解和思维是当代教学理论关注的重要论题之一。多元智能教学理论认为，教育的目标是培养学生真正理解并学以致用的能力。“真正理解”的含义包括：首先，学生能用自己的语言解释概念、进行知识的内化；其次，能对新知识进行迁移并生发出新的推论，举一反三，触类旁通；最后，能用所学的知识解决实际问题并有所创新，这是理解的最高层次，也是理解要达到的真正目标。“为理解而教”作为多元智能教学理论追求的教学目标，支撑着整个教学体系，统领着整个教学过程。同时，当代教学理论更加注重对学生思维的训练和培养，认为基于问题及解决的思维能力的养成，是超越静态知识的一种智慧的表现，是发挥创造性的条件。波兰教学论专家奥根（Oken，W.）把传统教学理论比喻成“记忆教学理论”，进而提出“思维教学理论”的主张。

5. 走向个性养成

20 世纪 60 年代以来，关注人的完整性、生成性和自我实现的人格教学理论崛起，成为与行为主义教学理论、思维教学理论和传统的以教师为中心的知识授受型教学理论截然不同的第三种势力，引起现代教学理论界的关注。罗杰斯主张在教学目的上，培养“充分发挥潜能和作用的人”，达到自我实现；在教学中进行的是一种人与人的情意的活动，而良好的心理气氛是“这种教学”的现实依托；在教学方法上强调学生自我发起、参与、渗透和评价。多元智能教学理论把这种个性养成进一步丰富化和具体化，强调每个人都有自己优势潜能，教学必须以多种内容、形式和策略来唤起和培养人的个性潜能。这种以个体的整个行为、情感、态度、个性所投入的学习，是真正集知识增长和经验于一体的有意义的学习。

二、当代国外教学理论对我国的影响

当代国外教学理论对中国的影响，主要在教学论学科建构和教育教学改革实践两个方面。

1. 深刻地启迪了我国教学理论研究方法论和教学论学科建设

改革开放以来，教育界对当代国外教育教学理论进行介绍和引进，对我国教学理论研究产生了重要的理论指导和方法论启示。例如，有人依照哈贝马斯提出的“认识的解放旨趣”并结合当代国外反思性教学的研究成果，详尽地探讨了反思性教学的合理性问题及其完整的实践过程问题，为合理地解决教学理论与教学实践关系提供了可能的参照性框架，如熊川武教授的《反思性教学》（华东师范大学出版社1999年版）等；有人用系统科学思维方法分析教学系统的构成要素及诸要素的相互关系，如吴也显教授主编的《教学论新编》（教育科学出版社1991年版），李秉德、李定仁教授主编的《教学论》（人民教育出版社1991年版）等，这些理论无疑受到现代三大教学理论流派，特别是巴班斯基教学过程最优化理论的影响。

近年来，中国教学理论积极借鉴国外教育教学理论研究新成果，立足本国教学研究领域的现实问题，努力确立自己的生长点，既扬弃中国古代的教学话语，也与世界其他文化体系中教学话语展开真正意义上的对话，在这种“扬弃”与“对话”的合力中，重建中国当代的教学理论。在这个方面，有代表性的首推钟启泉教授和张华教授主编的，由教育科学出版社出版的“世界课程与教学理论文库”。该文库选取了20世纪70年代以来特别是90年代以后世界课程与教学理论名著予以引进与介绍。如日本学者佐藤正夫的《教学原理》、佐藤学的《课程与教师》和《学习的快乐——走向对话》、加拿大范梅南的《教学机智——教育智慧的意蕴》和《生活体验研究——人文科学视野中的教与学》等。另外由中国轻工业出版社推出的“基础教育改革与发展译丛——教学模式与方法系列”丛书，针对教师的教学与学生的学习“在场”的、“情境中”的、“行动中”的现实问题，进行简明真实的探讨和分析，对一线的教学研究者和教学工作者有着有益的指导与借鉴。

21世纪到来之际，随着我国新一轮基础教育课程改革的不断推进，随着全球化和多元文化浪潮的涌动，我国教学理论研究进入了一个新的历史时期，产生了许多与时代发展和世界潮流相合拍的研究成果。这里仅以教育科学出版社近年来出版的课程与教学理论著作为例，来说明这个时期的研究成果。如裴娣娜教授主编的“课程与教学研究新视野文库”，在现代课程与教学论研究视野中寻求学科发展的新基点，重构学科的理论框架，研究我国基础教育乃至高等教育课程与教学改革中的现实问题，探索面向21世纪我国课程与教学论学科建设的发展方向；袁振国教授主编的“新世纪教师教育丛书”，借鉴国外教育教学理论研究的新成果，针对当前我国教育改革，特别是新课程改革中教育发展和教师职业成长的重要理论、观念、设计、指导、测量与评价等问题，在理论与实践的结合上进行了有益的探讨；杨九俊教授主编的“新课程教学问题与解决丛书”，更是从操作与实践的层面，为教师从“走向”新课程到“走进”新课程提供了理念、经验与策略，等等。

2. 持久地影响了我国教育教学观和教学改革实践（实验）

当代教学理论对学习者及其主体性的高度关注，深深地影响了我国“以人为本”教育教学观的确立。重视教育对学生的发展价值，着眼于学生的全面发展、个性发展与和谐发展，逐渐成为各种教育实验的主旋律。“适应学生的教育是最好的教育”，此时的教育研究和实践活动要求充分尊重学生的主体地位、尊重学生的情感，相信学生的潜能，真正视学生为独特的个体和主体，强调德、智、体等方面教育在每个学生身上的具体落实，重视智力因素与非智力因素全面和谐地发展，这是学生终身学习的基础。我国的基础教育新课程改革从“知识与技能”、“过程与方法”、“情感态度与价值观”三个维度提出课程教学目标和内容，在强调基础知识和能力的同时，更看重创新精神和实践能力、终身学习的愿望和能力的养成。20世纪90年代初开始的“主体教育”实验，针对传统教育中严重忽视“人”的发展这一问题，设计了“主体参与、合作学习、差异发展、体验成功”的发展性教学策略，强调要始终把学生放在首位，并以此作为促进学生主体性发展的手段，强调学生的能动性，反对强加的灌输教学方式，同时要善于理解并充分尊重学生的合理选择，旨在培养学生的主体人格，实现学生的主体发展。“新基础教育”实验更是从人的生命实践活动出发，注重在师生多向互动、动态生成的教学活动中，沟通书本世界与生活世界的关系，展现和提升师生的生命质量和精神价值。“新教育实验”围绕“世纪新人”的培养目标，提出了全新的教育思想，付诸了六大教育行动（营造书香校园、师生共写随笔、聆听窗外声音、培养卓越口才、构筑理想课堂、建设数码社区），着力“让人过一种幸福完整的教育生活”。无论是哪种教育实验，它们都坚信“个体能够自主学习且能够主动学习”，并以此为基础强调开发学生的个体潜能，重视培养学习者的完整人格与和谐发展。

新一轮课程改革的理论基础更多地受建构主义教学理论和多元智能教学理论的影响，有效地促进了我国课堂教学模式和方式的转变。近年来，教师更加注重根据不同年龄学生的认知特点，引导学生主动学习；积极实行启发式教学和参与式教学，激发学生独立思考和创新意识。课程改革后的课堂突出了学生学习的主体作用，注意学生的创新精神和实践能力，注重了学生的参与、体验和感受。目前我国中小学的课堂教学模式和方式发生了巨大变化，多样化的教学实践形态正在形成，如活动取向教学模式、生命取向教学模式、动态生成取向教学模式、交往与对话取向教学模式和自主取向教学模式等，课堂教学逐步地“从教师本位向学生本位转变，从独白式教学向对话式教学转变，从封闭式教学向开放式教学转变，从传递接受式教学向以引导探究为主要特征的多样化教学转变。”①

① 段作章．新课程改革与教学模式转变［J］．教育研究，2004（6）：67.

1

经典教学理论

本章介绍的国外经典教学理论曾在20世纪50至70年代流行于欧美和苏联，并对我国新时期教育教学理论的学科建设和教改实验产生过重要影响流派的教学理论。这些教学理论流派主要以心理学为基础，侧重关注人的行为、关注人的认知和人格发展。

第一节　关注行为的教学理论

本节着重介绍斯金纳（Skinner，B. F.）的程序教学理论、布卢姆（Bloom，B.）的掌握学习理论和巴班斯基（Бабанский，Ю. К.）的教学最优化理论。

一、斯金纳的程序教学理论

以行为主义操作条件心理学为基础的程序教学模式，主要是着重于刺激的控制，系统地向学习者提示刺激，得到学习者的反应，然后作出反馈，这是它的基本原则。

（一）为塑造学生行为而教

在斯金纳看来，教育就是塑造行为，塑造对个人和别人有利的行为。而成功的教学和训练的关键就是分析强化或刺激的效果，并掌握相应的控制刺激的技术。掌握这种技术是教师的重要素质。

（二）适度刺激或强化

通过研究，斯金纳认为存在两种类型的学习。一类是由刺激情景引发的反应，斯金纳称之为应答性反应，另一类是操作性条件作用的反应，它不是由刺激情景引发的，而是有机体的自发行为。在日常生活中，人们的绝大多数行为都是操作性的行为，影响行为巩固或再次出现的关键因素是行为后所得到的结果，即强化。

斯金纳认为，凡是使反应概率增加，或维持某种反应水平的任何刺激都可以称为强化物。他区别了两种类型的强化——正强化与负强化。当环境中某种刺激增加而行为反应出现的概率也增加时，这种刺激就是正强化。比如，学生上课能积极发言，教师进行口头表扬，口头表扬就是正强化。当环境中某种刺激减少而行为反应出现的概率增加时，此种刺激就是负强化。比如，如果学生在课堂上认真听讲，就减少学生的作业量，这就是一种负强化，它达到了增加学生上课认真听讲的行为的效果。

在实际教育中，学生对各种不同的强化作出不同反应。学生的个性特点不同，教师选择的强化物也应有所不同。因此，在教学中要注意：一是教师要针对班上不同的学生提供不同的强化物系列。教师要注意观察和了解学生对什么强化物感兴趣。可在班上搞个小调查，如问学生“最喜欢的三件事是什么?”“如果你去商店，你将买哪三件喜欢的玩具?”然后，根据学生的喜好来选择强化物。二是教师选择强化物应考虑年龄因素。有些活动如帮助老师、猜谜语，对小学生而言可能是有力的强化物，但对中学生来说，和朋友聊天、玩电子游戏、听音乐或看杂志则可能是更合适的强化物。因此，必须对不同年龄的学生提供相应的有力的强化刺激和事件。

一般来说，强化有通过奖赏后加强适当行为的正强化、有通过减少某种刺激以鼓励适当行为的负强化两种。教学中多采用正强化或用正强化替代负强化。如对在课堂上容易做小动作的学生，可强化“把手放在膝上”的行为。为了提高强化效果，有必要选择适应于所要形成的反应的强化类型，并选择强化的策略。关于强化策略，一般有反应后立即强化或持续性地给予强化。而持续强化，尤其在学习期（形成期）有效。在保持一度形成了的反应时，以数次或数十次反应作一次强化，这是间歇强化。

也可以考虑辅助性刺激予以强化，例如用图表、地图等图像性辅助刺激系列协助语言刺激，有助于唤起语言反应。也可以采用相关策略进行刺激或强化，例如，环境的刺激控制法：为使学生集中注意力，课桌排列成U形，在教室的墙上张贴有关学科内容的图表，或者将适切的课堂行为的要求写在条幅上；暗号出示法：适切行为出现时，作为规则固定下来，成为学生的规定行为。

（三）合理安排学习程序

根据操作条件作用理论创造出来的程序学习，得到了广泛的实践。在学习中使用以下“学习程序”：将学习内容分成许多小步子，并系统地排列起来而使学生便于理解学习的材料，学生对各小步子所提示的问题作出反应，并确认该反应正确以后，再进入下一步，通过一步步的累积而达到学习目标。如图所示：

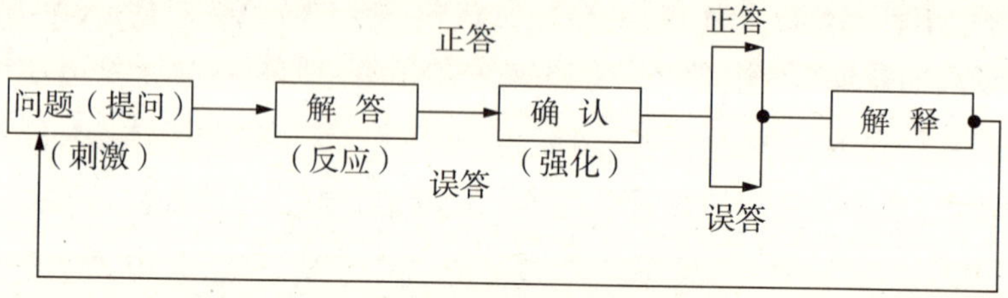

图 1.1　程序学习的基本过程

学习程序的编制体现以下原则。

1. 小步子原则

达到学习目标的系列是由许多小步子组成的，目的是要使学生不费力地、少犯错误地做到连续正确解答的程度。

2. 即时确认原则

为迅速、准确地进行学习，在学生作出反应（解答）后，立即提供关于结果的知识，使他们确认自己反应的正误，这是最有效的方法。

3. 积极反应原则

学生在作出积极的外显反应时学习就有效。根据这个原则，在程序学习中要求学生作出“书写”或是“按键”一类的外显反应。

4. 自定步调原则

学生用适应自己的速度进行学习时学习最有成效。请看下面的案例。

一套用来教三或四年级小学生拼写 manufacture 的步骤①

> 1. Manufacture 意思是制造或建造。椅子工厂 manufacture 椅子。抄写此词如下：
>
> □□□□□□□□□□□□
>
> 2. 这个词的一部分和 factory 这个词的一部分相像。两部分皆来自一个古老的词，意思是制造或建造。
>
> manu□□□□ure
>
> 3. 这个词的另一部分和 manual 这个词的一部分相像。两个部分皆来自一古老的词：手。许多东西都是用手做的。
>
> □□□□facture
>
> 4. 同一字母出现在下面两个空格中：
>
> m□nuf□cture
>
> 5. 同一字母出现在下面两个空格中：
>
> man□fact□re
>
> 6. 椅子工厂□□□□□□□□□□□□□椅子。

可见，程序教学都是建立在一系列较为简单的行为基础之上的。程序教学是由一些个别化的教学技术组合而成的，其重心放在有顺序、分难度地呈现教材上，放在矫正反馈上，放在巩固知识上。程序教学要求

① 田本娜．外国教学思想史［M］．北京：人民教育出版社，1994：439.

编制系统化的教材，遵循由浅入深、循序渐进的原则，是符合学生认知特点的。研究表明，一旦掌握了先前所学的教材内容，就可以大大促进以后单元的学习。但是，程序教学的弱点是不能发挥课堂教学的优势，难以兼顾学生差异，同时又存在流于形式和机械的问题。布卢姆的掌握学习理论兴起后，程序教学理论就消退了。

二、布卢姆的掌握学习教学理论

掌握学习教学理论是20世纪60年代末产生于美国的一种教学理论，它的代表人物是美国心理学家、教育家布卢姆。布卢姆的教学理论主要有“教育目标分类学”、教学评价理论、掌握学习理论三部分组成，其中掌握学习理论是布卢姆教学理论的核心。该理论的立足点是强调所有的人都能完成学习，坚信绝大多数的人都能够学到学校所教的一切东西，都能达到教学目标。该理论对于改进教学过程与方法，发挥学生学习主动性和学习能力，大面积提高教学质量产生了积极的影响。它是一种有关教与学的乐观主义的教学理论，是一种群体教学与个别教学相结合的有效的教学形式。在20世纪50年代末、60年代初，程序教学和在此基础上发展起来的电子计算机辅助教学有力地支持了掌握学习教学理论。

（一）人人都能掌握一定的学习任务

掌握学习理论认为，任何一个学生只要有充分的学习时间便能完成任何学习任务，并非只有能力强的学生才能完成高级的学习任务。现实出现的学习上的个别差异，是由于该学生所需要的学习时间量与实际学习时间量的差异造成的，学生的学习是否成功，关键在于是否接受了理想的教学，是否得到了必要的学习时间。用函数表示，即学习达成度＝F（实际学习时间）/（必要学习时间）。

实际学习时间和必要学习时间主要受以下五种变量（因素）的制

约：(1) 学习持续力，学生愿意主动花在学习上的时间，主要涉及学习热情和毅力等情感因素；(2) 学习机会，即给学生的学习任务和总时间；(3) 能力倾向，即学习某特定任务所必须具备的基础能力；(4) 教学质量，指对学习内容的表述趋于最适合每个学生的学习水平；(5) 教学理解力，即学生理解教师指导和理解教材的能力。以上 (3) (4) (5) 三种变量是上述函数中的分母，能力倾向、教学质量和教学理解力愈高，学习的必要时间就愈短；反之，学习的必要时间就愈长。

如果将上述五种变量都代入上述函数中，即可得出完整的学习模式。学习达成度 = F（学习持续力 × 学习机会）/（能力倾向 × 教学质量 × 教学理解力）。根据上述公式，教师如果努力增加学生的学习机会和提高教学质量，学生如果努力提高学习的持续力、理解教学的能力和能力倾向，那么学生的学习水平就会得到提高，所有或几乎所有的学生都会达到掌握的程度。可见，其基本内涵是：根据期望学生达到的具体教学目标来确定掌握目标；根据明确划分的教学单元来组织教学，每一单元由一套系统编排的学习材料组成，教给期望达到的目标；在学生学习下一单元之前，要求他们完全掌握前一单元；在学习完每一单元时进行一次不打分的诊断进度测验，以提供反馈，学生由此得到强化或表明还需进一步掌握的材料。根据诊断信息，对每个学生原来的教学补充适当的学习矫正措施，使他们完成单元的学习。

（二）掌握学习有一定程序

掌握学习的教学一般要经过准备阶段、实施阶段等教学程序。

1. 掌握学习教学的准备阶段

首先，对掌握要抱有信心。只有师生双方对掌握都抱有信心，学习才能获得成功。所以，教师对掌握学习的准备，对学生应有的真诚的期待，相信绝大多数学生都能学好；同时对自己也就有坚定的信心，自信能使绝大多数学生学好。学生学好的先决条件有二：一是“认知前提能力”，即学习新学科的相应的基础知识及预习课程的学习习惯，等等；二是“情感前提特征”，即学习兴趣、胜任感、自信心等。教师教好的条件有三：一是能调动学生的积极性，使他们投入足够的有效学习时间；二是讲解要准确、清晰、吸引人，特别明确学什么和怎么学；三是能用不同的方式使好和差的学生都能掌握知识。所有这些都要做好，才能使掌握学习顺利进行。

其次，确定所教学科的内容、目标和测量手段。主要包括三点：一是确定学习内容，明确学科学习的范围，并概括地加以表述，使之具体化；二是明确掌握目标，达到具体程度，编制所学内容的“双向项目表”；三是准备终结性测验。试题要覆盖所有目标，在学习终了时使用，同时规定分数等标准，以确定学习成绩。

再次，制订计划。其主要内容包括：设计教学单元、每个单元确定具体的掌握目标、根据单元的教学目标，编制单元的形成性测验、设计备用的教学材料（如辅导材料、联系手册、学术游戏等）和矫正手段（如小组学习、个别辅导、重新讲授等方式），可供学生在学习中遇到困难和问题时选择使用。在掌握教学实施之前，一般要进行诊断性评价，以了解学生认知和情感准备情况，便于在新的学习中安排适当的学习任务，确定他们在学习系列中的位置。

2. 掌握学习的实施阶段

第一，为掌握定向。即向学生介绍掌握学习的一般程序，使学生适应这种学习方法。明确学什么、怎么学、达到什么程度，使大多数学生树立学习信心。

第二，为掌握而教。为掌握而教就是进行系统的教学，具体步骤是：①根据划分好的教学单元，教师按预定的教学计划，采取班级教学的形式对全体学生集体讲授，这同传统的教学并没有什么不同。②在单元教学结束时，对全体学生进行单元的形成性测验。对照教学目标进行检查，通常可以由学生按照教师所制定的标准，由学生互相批改，或对照作业自己评分，以达到80%～85%正确率为掌握。③分析测试结果。凡达到掌握目标的，可以进行巩固性扩展学习，加宽知识面，或做“小先生”帮助暂未达到目标的学生矫正学习；凡未达到目标的学生，则要分析其错误产生的原因，采取各种学习材料和手段进行矫正学习，矫正手段包括合作性的小组学习、个别辅导，教师针对性地解释有关内容。④再进行一次平行性形成性测验（学生只需回答第一次测验中未做对的问题），直到大部分学生都已掌握了这个单元的知识之后，再转入下一单元的学习。如此循环往复，直至教完全部教材。

第三，为掌握分等。即在学完全部教材的各个单元后，对全班学生进行终结性测验，作为学习结束的全面评定。终结性评价还应作为下一课程教学的诊断性评定，从而开始新的掌握学习课程。

掌握学习理论所倡导的教学策略，在教学实践中取得了显著教学成果。美国在20世纪60年代末指出，由二三十个学生小样本实验，扩大到500万学生的大样本实验。实验证明掌握学习确实能使75%～90%的学生达到其他教学情况下25%的尖子学生才能达到的成绩水平。20世纪末，在世界各国已有5000多万学生接受掌握学习的实验，并取得了成功。布卢姆的掌握学习教学思想介绍到我国以后，也引起了教育界的浓厚兴趣，不少学校都在进行实验，以期大面积提高中小学教育质量。

三、巴班斯基的教学过程最优化理论

教学过程最优化是指选择一种教学方法，它能使教师和学生在花费最少的必要时间和精力的情况下获得最好的效果。所以，教学过程最优化有两项标准，一是效果，二是时间。要达到教学过程的最优化，必须合理地组织教学过程，教学过程中的要素如目的、内容是社会向学校教学提出的要求；动机、意志与情感则是师生的表现；而计划、组织、调整则属于控制形式。教学过程则是社会、心理与控制的统一。教学过程最优化就是社会、心理与控制统一的最佳方案。

（一）了解教学的目的和任务

巴班斯基认为，最优化原则要求教师对教学的基本目的和任务要有整体的了解，进而把每节课的教学任务最合理地结合起来，并突出其中最重要、占主导地位的任务。他指出教学的主要目的和任务有教养（思想品德培养）、教育和发展三个方面。

三个方面的任务是有机地相互联系的，具体体现于综合制订课堂教学计划之中。制订课堂教学和课外活动任务计划时，教师要将教养、教育和发展三个方面的任务全面和紧密地结合在一起。教养、教育与发展任务三个方面兼顾，即课堂教学任务计划要有全面性，要考虑三者的联系。把各种任务有机地相互联系起来，也是综合性的最重要的要求，没有这一点，综合方法就不能真正提高工作效率，也根本不能节省时间，而正是任务的相互联系才能达到最优化，也就是在缩短时间的情况下达到提高质量。

（二）精选教学内容

教师在进行教学时，对内容还要进行精选，以具体落实教学内容最优化。第一，突出本质的、主要的内容，节省课堂教学的时间并提高教学质量，减少学生家庭作业负担过重的现象。第二，教师要用新的科学资料来补充、更新教材中陈旧的事实、实例。第三，根据班级特点精选教材。要运用对于该校来说最迫切的、综合技术的、地方志的、职业定向的材料或其他材料、实例、练习来补充教科书。第四，各学科之间的协调是使教学内容最优化的一个重要组成部分，要特别注重各科间教材的协调，努力克服降低教学效率并导致花费过多时间的不良现象。

（三）掌握教学规律

教学过程与教学过程以外的社会制度和条件之间，教学过程中教与学之间，以及教学过程本身各成分——任务、内容、方法、形式之间客观存在的、本质的、必然的和稳定的联系，即教学规律。这些教学规律主要有以下几点。

第一，教学过程（整个教育过程也一样）受广泛的社会进程和社会发展需要的制约，包括在完整的教学过程中的教养、教育和发展过程相联系。教学应当永远在教养、教育和一般发展的职能的统一中进行，以促进人的全面和谐发展。

第二，教学过程取决于学生的实际学习能力。这种能力包括学生学习的外部和内部条件。这些条件反映了学生的智力、意志、情感方面的发展水平，以及学习的知识技能和技巧、学习态度、学习纪律和行为的成熟程度，健康状况和工作能力。

第三，教学过程也取决于其进行的外部条件。这些外部条件包括教学和物质条件、卫生条件、道德心理条件和审美条件以及必要的教学时间。

第四，教和学的过程在完整的教学过程中是相互联系着的。这一规律表明教师的指导与学生本身的积极性在教学过程中必须辩证地结合起来。

第五，教养内容取决于教学内容，它反映了社会的需要、科学发展水平和学生实际的学习能力以及教学条件。

第六，激发、组织和检查学习活动的方法和手段取决于教学的任务和内容，当然也取决于教学目的。在选用教学方法时，不仅取决于教学任务，也取决于根据学生的年龄特点与个人能力而编订的教材内容的特点。

从这些教学规律中，可以引申出诸如系统性、全面性、直观性、量力性和巩固性等教学原则。

（四）合理组织教学

1. 全班的、小组的和个别的教学形式结合起来组织教学

一切教学形式都是相对的，教学过程最优化要求教师有意识地选择

适合该班特点的各种教学形式，将若干最好的教学形式结合使用，而不是总运用某一种教学形式。学生的集体活动与小组的、全班的活动形式有所区别，但可以结合起来开展教学。集体地组织教学认知活动，既能采用小组活动形式，又可以采用全班活动形式。在完成实验和实践作业以及学习参观的过程中，运用集体形式尤为有效。

2. 强调区别教学

由于人们的素质、记忆类型、感知世界的方式、思维的主要特征等方面各不相同，又受生活经验、外部条件、教学特点和以前各阶段学习成绩等影响，学生彼此之间也有某种程度的差别。因此，要想通过教学使全体学生得到最大限度的发展，就必须进行有区别的教学。

（五）正确运用教学方法

不同的学习活动和学习内容，特别是针对不同程度的学生，应有不同的教学方法，示例如下。

1. 组织学习认识活动的方法

可用口述法（讲述、讲演、谈话等）；直观法（演示实物、图解等）；实践法（练习、实验室实验、劳动等）。前述各种方法按教材本身的逻辑——从个别到一般或从一般到个别——又可分为归纳法和演绎法；从掌握教材来看，可用问题探索法和复现法；从教师指导和影响程度及学生学习独立活动的程度来看，可用在教师指导下学习活动的方法和学生独立的学习活动方法。

2. 刺激学生认识活动的方法

可在教学过程中引入有趣的例子、实验、离奇的事实，这类方法称作教学上的情感刺激法；或者在教学过程中运用带有认识内容的桌面游戏和扮演角色的游戏，即认识性游戏；或者创造认识上争论情境的方法和组织学习讨论的方法；另外，还有分析生活情况和在教学过程中为对学习感到困难的学生创造取得成绩的情境等刺激学习兴趣的方法。

3. 检查学习认识活动的方法

可用课末短时间的书面作业、查阅学生练习簿等方法；课末简短提问部分学生，校长、教导主任在课堂上对学生快速提问等口头方法；具有诊断性质考查和日常性的考查方法；按课时和专题的检查方法；运用技术手段和不运用技术手段的方法；个别的、小组的和全班的检查方法等。

总之，在采用教学方法时，必须遵循以下原理：教学方法具有多样性，使用时要合理地结合；强调了解每一种教学方法的性能；从教学任务、学生和教师的实际情况出发，选择最佳方法。

（六）科学评价教学效果

1. 教学过程最优化的标准

教学过程最优化有两项基本标准，即效果和时间。关于效果的标准有三层意思：一是评价效果要全面，即从教养、教育和发展三个方面来衡量，而不是单从学习成绩一个方面来衡量；二是评价效果应以国家提出的任务为依据，如以国家颁布的课程标准或教学大纲为依据评价学习效果；三是评价效果要看具体条件和实际可能，即要按照每个学校、班级、教师、学生的具体情况而定。比如，学困生达到“及格”就应看做最优化，而学优生取得“良”的成绩则不能认为是最优。条件好和条件差的学校达到最优化的标准也应不同。关于时间标准，巴班斯基认为，学生和教师遵守学校卫生学和相应的文件所规定的课堂教学和家庭作业时间定额是教学过程最优化的一条重要标准。在计算时间消耗时，不要形式主义地把学优生与学困生所消耗的时间平均计算，要体现出区别教学的思想。对教师来说，最优的时间消耗是每日六小时，不包括社会工作时间。

2. 评价一节课的标准

巴班斯基认为应该从如下六个方面评价一堂课的效果：教学原则贯彻的情况；课堂教学的任务和结构，这项衡量标准主要看教师是否综合地拟定教学、发展和教育任务，是否结合任课班级学生的具体特点规划内容和因材施教，教学中是否突出主要内容等；分析课堂教学的内容；评价教学方法、方式和手段的选择；分析培养一般学习技能技巧的活动；分析教师所选择的教学形式。

从系统论的思想出发所提倡的教学过程最优化理论，其影响一直至今。当今我们所强调的有效教学，与这种教学理论的影响不无关系。

第二节　关注认知的教学理论

关注认知的教学理论，是基于认知心理学的关注学生智力或思维发展的教学理论。本节主要介绍布鲁纳（Bruner，J. S.）的认知结构教学理论、赞科夫（Занков，Л. В.）的发展性教学理论和瓦根舍因（Wagenschein，M.）的范例教学理论。它们被誉为现代教育史上三大教学论流派。

一、布鲁纳的认知结构教学理论

布鲁纳的认知结构教学理论的要点可以简要地概括为以下几个方面。

（一）智力发展具有阶段性

儿童认知过程的智力发展是布鲁纳教学论的主线。布氏认为，儿童的认知发展不是刺激与反应结合的渐次复杂化过程，而是由过程上递进的三个阶段组成的过程。这三个阶段是：行为把握（the enactive representation）阶段；图像把握（the iconic representation）阶段；符号把握（the symbolic representation）阶段。一般说来，儿童智力的发展是按此三个阶段递进的，但这三个阶段并不是固着于一定的年龄，有着相当程度的变动性。

行为式→图像式→符号式的发展阶段，构成从幼儿成长为成人的大循环。作为大循环的这些发展阶段具有一定的年龄特征：行为把握大体在学前期 1～6 岁的幼儿期，图像把握大体在 6～10 岁，符号把握大体是在 10 岁以后。但从短期的微观角度看，三个发展阶段又可形成小循环。例如，小学生理解“黍秆手工艺品”的过程，最初是随意地试误（行为式），然后产生心像，加以组合（图像式），最后是边思量尺寸和均衡，边制作（符号式）。

（二）掌握教材的基本结构

要促进儿童的智力发展，就必须考察“教什么”的问题，亦即教材的问题。教材的基本结构，对于儿童的智力发展，具有决定性的影响。教材结构是深藏在表面现象的底层的“看不见的结构”、“更深的实在结构”，即教材的本质。例如，梯形、平行四边形、长方形、菱形、正方形等各种四边形，不是散乱地并列的，可以组织成如图示那样的集合结构来加以把握，这些图形之间具有相互联系和包含的关系①。

抓住事物的结构关键要分析结构的要素。首先，要解析不可缺少的、可以相区别的单位要素，然后组合这些单位要素。例如，“加法运算”的教材结构（如 13＋47），作为它的单位要素，可以分解出交换率、分配率和结合率三种要素结构来。

Ⅰ交换：$A+B=B+A$……$13+47=47+13$

Ⅱ分配：$A+B=A+(B_1+B_2)$……$13+47=13+(7+40)$

① 钟启泉．现代教学论发展［M］．北京：教育科学出版社，1988：271－272．

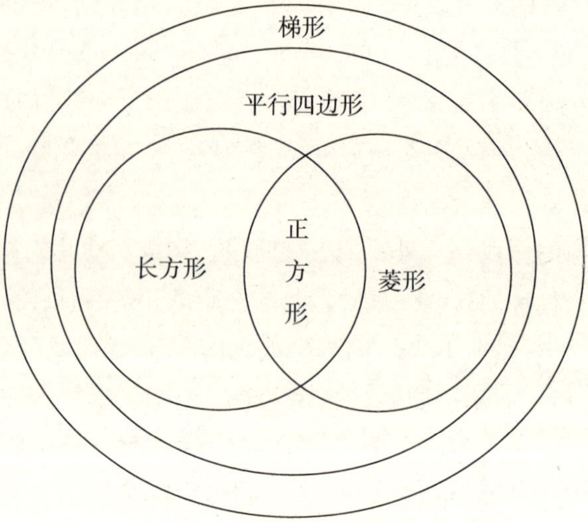

图 1.2 诸四边形间的构造

Ⅲ结合：$A+(B_1+B_2)=(A+B_1)+B_2$……$13+(7+40)=(13+7)+40$

这三种操作，对于加法的教材结构来说，是必不可少的单位要素。"加法"的教材结构原则上以交换→分配→结合为组合顺序时，这些单位要素间就可以形成好的组合。

当然，一种结构 S，随着构成自身单位要素的配置发生变化，而形成 S_1、S_2、S_3……的结构自身的变异体。这一结构基本上是同一种结构，只是发生了变化。例如，"加法运算"和"乘法运算"两个单位教材。它们由于存在加法、乘法之间的差异，所以一般视为具有各自的结构。然而，从结构上说，加法运算与乘法运算是两个变异体，本质上具有同一的基本结构。(参见表 1.1)

表 1.1 两种变异体——加法结构与乘法结构

	加法的教材结构	乘法的教材结构	基本的教材结构
Ⅰ交换	$A+B=B+A$	$A\times B=B\times A$	$A*B=B*A$
Ⅱ分配	$A+B=A+(B_1+B_2)$	$A\times B=A\times(B_1+B_2)$	$A*B=A*(B_1+B_2)$

续表

	加法的教材结构	乘法的教材结构	基本的教材结构
Ⅲ结合	$A+(B_1+B_2)$ $=(A+B_1)+B_2$	$A\times(B_1+B_2)=$ $(A\times B_1)+A\times B_2$	$A*(B_1+B_2)$ $=(A*B_1)+A*B_2$

注：将“+”的操作和“×”的操作合二为一，用∗的操作表示。

（三）发现学习是主导的学习方式

1. 探索问题解决方略的发现学习

面对问题情境，学习者是否一开始就采取积极的态势，即解决方略，对学习成果影响极大。布鲁纳做了一个记忆学习的比较实验，充分说明了这一点。

用诸如“椅子——森林”、“人行道——十字广场”一类的对义词，共30个组成。让12岁学生作为受试记忆这些对义词之后，提示前一词，让受试想起后一词。为便于比较分析，分成两组，一组是实验组，对他们作出适当指示，让他们在一对对义词具有某种关系的情形下予以记忆，指示内容为：

“请看例题‘椅子——森林’。找出这一对对义词之间的关系后再记忆。例如，可以想到‘椅子和森林都是由树木组成的’（上位概念的关系），也可以想到‘迷路的小孩坐在森林里的椅子上’（故事或情节关系），还可以想到‘椅子是用森林中的树木制作的’（部分与全体的关系）。参考这种方式，将下面30对对义词，想出其间的某种关系之后，好好记住它。”对控制组则不作任何指导，直接让学生记住这些对义词。

记忆成绩，两组有明显差异。对照组学生最高分不过50分（百分为满分），而实验组获得了很高的成绩。尤其是自己花了工夫找出对义词之间关系的学生，最高获得95分。

2. 活用并组织信息的发现学习

发现学习者，不是停留于被动地接受来自外界的信息，他总想寻觅解决问题的可能路线，一个接一个地抽取有用的信息，组织信息，直至问题的解决。在这里，第一，他把信息作为限定条件加以利用，亦即对多样化的可能范围，逐次加以限定，逐渐地明确解决路线。第二，他可以更精细地识别、掌握信息的内涵。有人做了如下的比较实验。

对控制组的受试，仅提供信息，发出指示——“好好记住它”。对实验组的受试，则指示说，“现在给你们提供信息，日后要转述的，好好记住它”。比较两组的认知结果，发现实验组比之控制组，更详尽地识别、更准确地掌握了信息内容。

3. 培养直觉思维至关重要

第一，赋予直觉思维以合理的地位。在学校教育中必须重视直觉思维。首先，要在自由的课堂气氛中，鼓励、引导儿童大胆地推测。其次，培养儿童有自信和勇气。丧失了自信的儿童，是不会有冒险性的直觉思维的。再次，教师不必拘泥于儿童的成败。教师一旦在这个问题上纠缠不休，儿童就会专注于自己的错误，不再发言了。

第二，有结构地提供教材。所谓直觉思维是对事物结构的感知。有秩序、有结构的信息，并从提供的信息中间忽隐忽现时，就会受到引诱，活跃直觉思维。结构本身具有生成发展力，例如，可以从“老大比老二高，老二比老三高”的结构，产生出“老大比老三高”的新结构。这样，受结构所具有的生成作用的引导，使学习者发动直觉思维。

第三，描绘丰富的图像。有结构地提供了教材之后，教师应指导学生形成丰富的图像，防止过早的语言化。因为，直觉思维的本性是图像性的，它的过程是非语言性的。图像，有助于活跃直觉思维的能力。所以，在教学中，要让学生多多试误（经验）、边想边做（反馈）以及教师及时给予评价和鼓励（即时强化）。

第四，鼓励有组织的推测。根据组织部分信息进行推测。布鲁纳举了一个在五年级课堂教学中猜数竞赛的实例。

教师预先在黑板上写一个数，并且覆盖住。教师给出一两个线索，要全班学生猜黑板上写的什么数："这个数小于20"，"用2除不尽"之类，于是，学生纷纷提问，反复推测。"用3能除尽吗?""不能。""用5能除尽吗?""不能。""大于10吗?"等等，学生们就这样，确定限定条件，巧妙地缩小范围。于是，有条理地组合了部分信息后，得出正确的答案："17。"

第五，运用发现技法。根据部分信息进行推测时，让儿童进一步训练运用发现技法，有助于直觉思维的形成。有各色各样的发现技法：一是渐次确定限定条件，缩小范围；二是将复杂关系还原为简单关系；三是利用类推；四是着眼于相似关系等。下面几个方法有利于培养学生的直觉思维。

利用惊奇。例如，"在10厘米线段上划分的点的总数，同在一千米的线段上划分的某点的总数，哪一个多?""当然是后一个。"——也许学生想这么说。但是，奇怪的是，两者的数目相等。为什么呢?

激发疑惑。"蜜蜂能向伙伴正确报告离巢4千米远的东北方，盛开着花，蜜蜂究竟用什么绝招传递信息呢?"

提出具有几个解答的不确凿的问题。例如，"小说《白鲸》的主人公为什么那么执著地追赶白鲸呢?是想捕捉雪白的珍奇的鲸吗?还是另有别的意愿?"

设计困境。"将1，2，3，4，5，…，95，96，97，98，99，100的数字加起来，不用笔算，用心算，一旦想出了好办法，谁都能简单地给出解答的!"

提示矛盾。例如："冰块溶成低温的水，即使不到0℃，3℃左右就冰冻了。水是0℃冰冻的，这在小学就学过了，奇怪吧!"

二、赞科夫的发展性教学理论

发展性教学理论强调教学要促进儿童的一般发展，而不仅仅局限于认识能力的发展；要求使学生理解学习过程，教给他们学习的方法；强调使所有的学生包括学困生都得到发展；注重研究学生的学习兴趣、动机等内部诱因；主张让学生过丰富的精神生活等。发展性教学理论对20世纪六七十年代的苏联教学理论改革和实践产生了极大的影响。

（一）发展性教学点的一般含义

赞科夫认为一般发展不仅包括智力发展，而且包括情感、意志、道德品质、个性特点和集体主义精神的发展，并且一般发展还应当包括身体的发展。他指出："我们所理解的一般发展，是指儿童个性的发展，它的所有方面的发展。因此，一般发展也和全面发展一样，是跟单方面、片面的发展相对立的。"①

（二）观察力、思维力和操作力对儿童发展极为重要

1. 观察力

观察是儿童认识世界的重要途径。观察对于发展学生的智力有极其重要的意义。如果学生有较强的观察力，他就会通过各种途径获得很多的知识。在学习过程中，观察力较强的儿童可以看出词与词之间在字形、写法上的细微差别，而观察力较差的儿童就常常把它们认错或写错。所以，教师及家长在教学过程中，在日常生活中要善于引导儿童仔细观察各种事物，启发他们从一件事物上看到更多的东西。培养观察力，也就启发了儿童的求知欲。儿童越是进行精细的观察，就越能提出更多的"为什么"，也就越想弄明白这些问题。

---

① 赞科夫．论小学教学［M］．俞翔辉，等，译．北京：教育科学出版社，1982：20.

2. 思维能力

赞可夫强调在各科教学中，要始终注意发展学生的逻辑思维能力，培养学生思维的灵活性和创造性。不仅要培养学生分析和综合、抽象和概括的能力，而且要使学生在研究某一个事物时既能坚持从一个角度看问题，又能在必要时改变看问题的角度或者同时从多个角度看问题。

3. 实际操作能力

赞科夫指出，现代社会需要“手脑并用”的人。脑力劳动者也需要实际操作。学校培养的人既要善于动脑，也要善于动手。因此，实际操作能力是学生发展的重要因素。所谓实际操作能力，就是能够制作出所指定的有关物品，例如，学生领到几张彩色纸，把纸裁成小片，做成一个小花篮等诸如此类的操作活动。在劳动教学过程中，还能培养学生这样一些宝贵的个性品质，如学会集体工作、热爱劳动、克服困难的坚毅精神等。

（三）促进学生发展的教学原则

赞科夫的发展性教学的主导思想是：以最好的教学效果来达到学生最理想的发展水平。根据这一主导思想，他提出指导各科教学工作的五条教学原则。

1. 以高难度进行教学的原则

高难度教学的含义之一，就是引导学生克服障碍；高难度教学的另一个含义，是指引导学生积极努力。如果教材与教学方法在学生面前都没有提出他们应当克服的困难与问题，他们的精神就会委靡不振，儿童就得不到应有的发展。

根据以高难度进行教学的原则，赞科夫制订了实验小学的计划：从一年级就单独开设“自然常识”和地理，把许多现代科技的知识以非常浅显的形式教给儿童。从二年级起增设“历史”，把原来给四五年级开设的语文、数学的有关内容，都下放到二三年级。由于教学内容大大充实了，教学方法也随即进行了革新。

2. 以高速度进行教学的原则

赞科夫认为教师讲的东西，只要学生懂了，就可以往下讲，不要原地踏步。讲新教材时，里面就包含着旧教材；做新练习时，里面就包含着旧练习。这样，学生总觉得在学习新东西，保持着较高的学习兴趣。在赞科夫的实验班里，他取消了原来意义上所说的“复习”。即意味着不要孤立地传授知识，而是要在有机的联系中掌握概念，使知识纳入一个广泛而严整的体系。通过读课外书、参加课外活动以及旅行、交谈和讨论等，巩固知识，并能够活用。

当然，“高速度”并非是“开快车”、“赶进度”，不是一节课上得越快越好。实验班的教师应该在讲清基本概念上不吝惜时间，让学生有充裕的时间去观察、去思考、去争论。以高速度进行教学的原则要求不断地以丰富多彩的内容激发儿童的智慧，使他们更深刻地理解所获得的知识，而不是多次单调地复习旧课和机械地练习。

3. 理论知识起主导作用的原则

理论知识起主导作用的原则，就是指让那些说明现象的相互依存性及其内在的本质联系的系统知识在小学教学内容的结构中占主导地位。一般来说，“理论”这个概念是区别于实践而言的。从这个含义出发，赞科夫所说的理论知识，是相对于反映在技巧中的知识而言的。比如，一个学生可能知道怎样进行几个数的进位加法，即知道加法怎么做，但是并不知道这种运算的规律——如加法的交换律和其他一些规律。如果学生掌握了后一类知识，即掌握了理论知识。

4. 使学生理解学习过程的原则

使学生理解学习过程的原则要求学生注意的对象是学习过程本身，

着眼于学习活动的内在机制。具体地说，就是让学生留心应当怎样进行学习，就是要教会学生怎样学习。例如，教师应当引导学生注意教材编排的依据。在“乘法口诀”里，只要知道任何数乘以1积不变，就可以不必再背“1×1=1，1×2=2，…，1×9=9”这一栏。同样，在9乘以1至9这一栏里，只记住9×9=81就够了。

在解题以前，要预先计划解题的步骤，对自己解题的方法要能论证，要能随时检查自己，及早地发现错误并加以纠正；当习题解错时，也能自己找出错误的根源。要使学生学会分析、比较、综合和归纳，了解所学的知识之间存在的联系等，这样就有利于发展学生的思维能力，提高他们学习的主动性和创造性。

5．使全班学生包括学困生都得到发展的原则

教师不要将重点放在大量的练习上，而是在学生的发展上下工夫。教师要设法使所有的学生在原有的基础上得到进步。要做到这一点，教师要周密地估计到学生之间的差别而采用相应的教学方案，热爱每一个学生，研究每一个学生，了解每个学生的性格、爱好、需要与才干等。唯有深入了解学生，发现他们潜在的长处，才能采取适当的措施，使他们得到发展。

发展性教学论体系的每条原则都有自己的作用，同时又是互相联系、相辅相成的。贯彻上述五项教学原则的主旨就在于，充分调动学生的精神力量，激发和深化学生对学习的内部诱因，而不是借助分数以及外部手段对学生施加压力。

教学实例①

怎样在写作方面进行工作，才能在学生的发展上取得成效呢？

在赞科夫的小学教学实验中，实验班儿童从一年级起就写作文，基

① 赞科夫．和教师的谈话［M］．杜殿坤，译．北京：教育科学出版社，1980：192－194.

本上不列提纲。比如，春天儿童出去旅行，观察了河面解冻时流冰的景象。第二天，教师就要求他们就这次旅行写一篇课堂作文。

但是，我们历来的做法，都是在一年级只让儿童造一些个别的句子，然后按问题把一些句子组合在一起。按提纲写命题作文，要到三年级才开始。赞科夫认为，按提纲写作文会抹杀学生固有的个人特点。如果作文是照着提纲写的，而且事先就对内容、句子安排进行了加工，并且把要用的词语都挑选好，那么儿童自身的创造性就无处发挥了。但是，如果教师让每一个学生都具有的那些各不相同的智慧、情感、性格特点都表现出来，就会在学生的发展上取得很大成效。

实验班一年级30位学生在学年末写的作文，作文题目是由“教育和发展实验室”出的：《冬天和春天》。之前，学生分别写过关于冬天和春天的作文，所以这里把冬天和春天放在一起写，对他们是个新题目。

“冬天到来的时候，一天比一天冷了。常常下雪。可是到了春天，树木上的鳞片裂开，长出了最初的嫩芽。冬天，太阳照耀着，可是并不暖和。春天呢，太阳又照耀又暖和。冬天，麻雀和鸽子很难找到食物，因为一切都被一片白色的毯子盖住了。可是到了春天，覆盖着一切的白雪融化了，鸟儿又容易找到食物了。我喜欢冬天和春天。”

“冬天有暴风雪，而春天有太阳。冬天到处是雪堆，春天树木长出了嫩芽。冬天下雪，很冷，春天是一片绿色。冬天，严寒在枞树林里徘徊，发出敲击的、冻裂的响声，而春天暖和起来了。我爱春天，可是冬天也给我们的集体农庄带来了益处。要是没有冬天，一切都会干枯的。冬天给大地增加了水分。”

“今年冬天很冷。可是春天来了，冬天就大发脾气，降下了严寒。太阳出来了，冬天夹着一些残雪溜走了。春天打扮得很漂亮，成了一片绿色的海洋。第一只蜜蜂从蜡制的王国里飞出来，去寻那早开的花朵。真正的春天来到了。”

这三篇作文都是切题的——孩子们不是把冬天和春天分开来描写

的，而是采用了对比的写法。三篇作文都反映了冬天和春天的特征。因此，虽然没有列提纲，文章的逻辑还是很清楚的。同时，每篇作文都有自己的特色。不仅所写的内容不同，而且更重要的是各有各的揭示主题性质。

在第一篇作文里，把冬天和春天进行了相当详细而且有条理的对比：谈到阳光的温暖、树木的苏醒和各种鸟，甚至还接触到鸟类的不同生活的原因。从对主题的揭示里可以感觉到这个学生的智慧和性格特征：逻辑严密，描述细致，想尽量把观察到的现象解说清楚。

在第二篇作文里，对冬天和春天的对比，可以说是一种粗线条的、不拘细节的写法。对比的手法往往是出乎预料的，却又准确地抓住了冬天和春天的特征（“冬天到处是雪堆，春天树木长出了嫩芽”）。如果说第一篇作文语调平静，那么第二篇里就感到活跃和运动的成分多些（“严寒在枞树林里徘徊，发出敲击的、冻裂的响声”），对冬天和春天的态度也是很独特的（“我爱春天，可是冬天也给我们的集体农庄带来了益处”）。

第三篇作文以其鲜明的诗意使人赞叹。在这里，以艺术的、形象的手法描写了冬天和春天的争夺（“太阳出来了，冬天夹着一些残雪溜走了”）。作文用了许多的比喻，以直喻的手法使用词的转意（“冬天就大发脾气，降下了严寒”“冬天夹着一些残雪溜走了”“春天打扮得很漂亮，成了一片绿色的海洋”“第一只蜜蜂从蜡制的王国里飞出来”）。

值得注意的是，其余的27篇作文也都各有特色。如果让学生按照统一的提纲写作文，而且预先把要写什么内容、要用哪些词汇、要怎样组织句子，都进行一番训练，那么所有这些纯真而又美妙的思想感情的流露就会都埋没了，甚至会被抹杀了。如果孩子们就只能学会照抄别人替他准备的东西，用别人的语言来写作，使用一些现成的陈词滥调的话，学生还有什么发展可谈呢？

三、瓦根舍因的范例教学理论

“范例教学”是德国著名的教学流派，它由德国数学、物理教学论专家瓦根舍因于20世纪50年代首创，由克拉夫基等人发展。

（一）注重奠基和范例

“范例教学”的主要原则可概括为“三个性”：“基本性”“基础性”和“范例性”。

1. “基本性”

教学应教给学生最基本的知识，即基本概念、知识结构和基本科学规律。

2. “基础性”

教学内容应适合学生的智力发展水平，适应他们的基本经验，切合他们的生活实际，即教学内容对受教育者来说是最基础的东西。

3. “范例性”

就是要教给学生经过精选的“基本性”和“基础性”的知识，而不是全部带有“基本性”和“基础性”的知识材料。这些经过精选的知识材料，应当是能够起示范作用的。借助这些材料，通过与“范例”的接触，训练学生独立思考和判断能力，并有助于学生举一反三进行学习迁移和实际应用。

（二）全面的教学思想原则

全面的教学思想体现在“问题解决学习与系统学习相统一”、“掌握知识与培养能力相统一”、“主体与客体相统一”的原则上。

1. 问题解决学习与系统学习相统一

一方面，要求针对学生存在的和提出的问题组织教学，从一个课题出发组织教学；另一方面，精选具有代表性、典型性的范例，这是学科中某一课题本质的体现。因此，教学中每个范例之间的联系，随着一个一个范例的学习，既解决了问题，又掌握了学科的系统知识。这种教学虽是从“范例”出发，但学生学习到的知识却不是零星的、孤立的，而是典型的、系统的。

2. 掌握知识与培养能力相统一，也称为“实质训练和形式训练相统一”

这一条原则要求在教学过程中，把传授知识与教给学习方法、思想方法、发展智力、培养能力结合起来。既要用知识技能武装学生，又要培养学生的各种能力，使学生在掌握知识的同时，智力也获得发展。

3. 主体与客体相统一

主体是指受教育者——学生，客体是指教材，它们的统一，就是要求教师既要熟悉和掌握教材，又要了解和熟悉学生，特别是要熟悉学生的智力水平和个性特征。这样，学生的兴趣才能被充分地激发起来，主动性和积极性才能最大限度地被调动起来。教学就是教师引导学生掌握教材的过程。

（三）逻辑性的教学过程

范例教学过程，充满逻辑性，包括范例性地阐明“个”、范例性地阐明“类”、范例性地掌握规律和范畴及范例性地获得有关社会经验和生活经验等四个阶段。

1. 范例性地阐明“个”的阶段

这一阶段，要求教师在教学过程中运用整体的一个或几个特性来说明这个整体，也就是通过个别的典型特征说明其整体。例如，在历史教学中，可以通过一定的历史事件来说明一定的历史时期。通过这一阶段的教学，学生可以深刻地了解事物的本质特征，牢固地把这些特征刻印在脑海中。

2. 范例性地阐明“类”的阶段

这一阶段，就是对在“个”的阶段获得的知识进行归类。例如，在历史教学中，从一个革命事件的例子来归纳同类革命的特征。通过这一阶段的教学，学生可以了解某些事物的特殊性和普遍性，从“个”的学习迁移到“类”的学习。

3. 范例性地掌握规律和范畴的阶段

这一阶段，要求在前两个阶段获得的知识的基础上，进一步探究归纳出规律性的认识来。例如，在历史教学中，通过了解历史人物在革命中的作用，获得历史人物在历史发展过程中的地位和作用的有关规律性知识。

4. 范例性地获得有关社会经验和生活经验的阶段

这一阶段，就是要引导学生在前三阶段已有认识的基础上，获得有关社会经验和生活经验。例如，在历史教学中，认识“人是一种历史存在”。通过这一阶段，学生不仅了解了客观世界，也认识了自己，提高了行为的自觉性，如人与自然关系方面的自觉性。

（四）教学的关键在于对教学内容的分析

范例教学论者认为，教师要上好课，首先就得备好课。备课的关键是要进行教学论的分析，教学论分析的任务，首先应当是对教材内容的分析。教师备课时，应当领会教材内容，吃透教材，既要作为一个编写教材者，明确所编教材的目的、要求、重点和难点、各部分关系；又要作为一个学习材料的学生，去发现其中对于学生来说可能存在的难点与问题。

教学案例[①]

“范例教学”的权威人士之一的矢藤策尔曾以联邦德国国民学校12～13岁学生为对象的学校广播节目——“乌克兰的防风地带”为例，说明“范例教学”程序。

第一阶段，首先用南俄罗斯草原地带的防风林作为特例，以具体直观的方法，提出关于防风林地带的问题。这一阶段教学目的是掌握事例的本质特征。

第二阶段，根据有防风林地带的例证（“个”）所获得的知识，推导出乌克兰地区的特点，而且还要掌握该地带的普遍特性和类型特征，用开拓草原这一“类型”的认识，来说明美国中西部草原也属于这一类型的地带。

第三阶段，根据由“个”所获得的认识，证明所有同类型的“个别个体”，通过从“个”到“类”的认识，进一步达到更本质的关系——规律性的认识。这一阶段要使学生了解草原化过程及阻抑这一过程的努力，也就是引导学生明确人类是如何在特殊的气候、地理、生态诸条件下，干预自然、作用于自然，并力图改造自然的。

第四阶段，认识人类和自然的关系，即人类干预自然、改造并主宰自然。

第三节　关注人格的教学理论

关注人格的教学理论的杰出代表是罗杰斯（Rogers，C.）的“非

① 沈勉荣，等. 克拉夫基的“范例教学论”[J]. 江苏教育，1990（11）：35.

指导”教学理论①。

一、对传统教学的批判

罗杰斯总结归纳了传统教学有如下弊端：第一，教师是教授，学生只是接受的容器；第二，讲演、教科书及其他语言教学手段是传授知识的工具，但单调枯燥；第三，教师是权力的拥有者，学生只有服从；第四，权威人物制定的规则是教学的不可改变的政策；第五，缺乏信任，教师对学生不相信；第六，学生一直处于恐惧状态；第七，民主及其价值受到忽视，在实践中遭到破坏；学生不能参与选择教学目标、课程和教学方法，这些都是别人为学生决定的；第八，教学中只有智力而无完整的人，学生的好奇心、兴趣被扼杀了。

二、教学的目的在于培养“全面发展的人”

教学的目的就在于培养全面发展的人。全面发展的人至少有三个特征。第一，“这种人是经验开放型的”，不闭塞，不保守，不拘束，不唯诺，自然、开朗、敏感、经验丰富而深刻；第二，这种人不是最大可能地适应环境，而是努力发现、改变、创造新环境，使自我与个性不断得到发展；第三，这种人能够使自己表现出最恰当和有效的功能。具体来说，第一点是认知心理方面的；第二点则是自我、个性等非认知方面的；第三是生理机能方面的。综合起来就是身心全面发展的人。

罗杰斯还提出，全面发展的人的最根本标志还在于具有创造性。教学要善于开发学生的创造性，发展其创造力。创造性是发展的高水平，达到了马斯洛所说的“自我实现”。

① 参见：田本娜．外国教学思想史［M］．北京：人民教育出版社，1994：448－464．

三、教学过程论涌动真情实意

罗杰斯认为教学是一种人与人之间的情意活动。他提出了教师在教学中涉及的因素：一是信任，相信每个学生都能以自己的方式学好。教师首先需要对人寄予深信。如果教师不相信人，那么，他就一定会唯恐学生误入歧途，因而填鸭式地把所选择的知识灌输给学生；如果教师相信每个人都有发展他自己潜力的能力，那么，他就会允许学生有选择自己的学习方式的机会；二是诚实，不虚伪。教师要尊重学生，珍视他们，与他们在感情上和思想上产生共鸣。这样的教师能领受学生在接触新问题时的畏惧和踌躇，也能体验学生在解决问题时的满意感；而且这样的教师能理解学生对干扰和促进学习这两个方面所诱发的个人感情，例如，同兄弟姐妹比高低，对权威的敌意，对个人的适当关心等。三是移情的能力。移情就是教师能够通过一定的媒介和渠道，把自己的感情因素转移到学生身上。他认为，如果教师能够移情的话，就将格外有力地改变课堂的气氛。由此可见，信任、真诚和移情的能力是教学过程所涉及的重要的情意因素。

四、以学生为中心的教学模式

“以人为中心教学”又称“以学生为中心教学”，这是罗杰斯的人本主义哲学与心理学思想的直接反映。罗杰斯对这种教学进行了广泛深入的实验研究，编制了必要的技术和方法，已经成为一种影响较大的教学模式。这种教学模式也称为“非指导性教学模式”。以人为中心教学模式的要点如下。

第一，先决条件是树立以人为中心的教学观，对人的能力有充分的信心，把人视为可信赖的有机体，确立学生在教学中的主体地位。

第二，教师与学生共同分担学习的责任，制订课程计划，确定管理与操作的方式、资金、决策等。教师在其中扮演参谋、咨询者的角色，而不是像长官那样对学生指手画脚、发号施令。

第三，教师提供学习的资料，包括教师的经验以及书籍、材料等，并鼓励学生对教师的经验和书本知识进行补充、更正、创新等。

第四，学生独立或与他人合作制订自己的学习计划，按自己的兴趣选择学习方向和程序。

第五，教师创造促进学习的气氛或情境，形成良好的班风和校风，把学生置于被关心、理解、信任的情境中，激发他们自觉主动地学习。

第六，把注意力放在促进连续的学习过程中，学习的内容屈居第二位。因此，衡量一个课程完成的标准不是该学的内容是否学完了，而是学生是否会学了，是否在学习上达到了应有的进步。

第七，在教学纪律上，用学生自律代替他律，让学生自己管理自己，自己约束自己。

第八，采用学生自我评价的方法代替外来的评价。

第九，在这种促进生长的教学中，学生的经验、个性、创造力不断得到发展。

五、教学之法在于教会学生学习

教师要教好学生，除了具有必要的情意因素外，还必须有恰当巧妙的教学方法。这些方法包括如下几方面。

第一，组织好教材。组织教材的主要目的是便于学生自己学习，适合他们的知识水平、学习兴趣和特长。

第二，要善于辅导。教师不是直接地一味地去讲解，而是有效地咨询和辅导。辅导的艺术在于适当和启发。适当就是在学生需要时才去辅导，帮其所需；启发就是启迪学生自己去发现、去创造。教师可以提供方法或途径，例如，教师可以说："这个问题可以看生物学方面的书得到解决。"

第三，提供必要的学习材料，包括书、参考资料、实验工具、教具等。

第四，创造一切条件，让学生自己学习。

从这些方法中可以看出，罗杰斯所说的教学方法完全不同于一般的教学方法，它们是鼓励和帮助学生自己学习的方法。“我终于感到，唯一能对行为产生意味深长的影响的学习是自己发现并把它化为已有的知识。这种化为个人所有并同化到经验中的自我发现的知识和真理，不能直接传予他人。”① 这就是说，只有学生自己发现，学到的知识才是最有意义的。可见，教学方法就是促进学生学习的方法。教学不是直接传授某种知识，而是传授获得这种知识的方法，也就是教学生去发现和创造的科学方法。

① 罗杰斯．我对教和学的思考［M］//瞿葆奎．教育学文集·教学：上册．北京：人民教育出版社，1991：707．

2

反思性教学理论

20 世纪 80 年代以来，强调培养教师反思能力的教育思潮首先在美国、英国、澳大利亚等国的教育界兴起，之后迅速波及并影响到世界范围内的教育界。在传统的技术理性主义的教师教育观下，教师基本上承担技术人员的角色，是用别人设计好的课程去达到别人设计好的目标的知识传授者。然而教育实践不可能被简化成简单的技术控制过程，教师不可能仅仅是一个技术操作工人。因而关注教师的思维能力，特别是反思能力，促进教师专业成长的教学理论——反思性教学理论，便应运而生。

本章在论述反思性教学兴起的历史背景和时代要求的基础上，着重介绍反思性教学的内涵与特性，教师反思的途径和方法，以及如何评价和促进教师的反思性教学等内容。

第一节　反思性教学旨在促进教师专业成长

反思性教学的兴起既有着悠长的历史渊源，也体现着时代的变革需要。本节主要介绍反思性教学兴起的理论和现实背景、反思性教学的内涵与特征以及反思性教学对于教师专业成长的重要意义。

一、反思性教学兴起的历史背景

反思性教学的兴起既与教师专业化运动有关，也离不开认知心理学和教师思维运动的发展，当前的新课程改革促使反思性教学成为时代需要。

（一）教师专业化运动：反思性教学的助推器

近年来，教师专业发展日益成为人们关注的焦点。教师专业化运动成为了反思性教学的重要推动力量。

为了提高教师专业化的程度，人们采用的策略是不同的。最初采用的是群体专业化策略，即通过制定严格的专业规范如资格认定、入职资格许可等来提高教师的专业性。由于这种群体专业化的策略只能达到把不符合要求的教师“过滤”掉，并不能真正使教师的专业知识和技能得到改进和提高，为此，教师的专业化运动开始转为谋求教师的个体专业化。在教师个体专业化的过程中，经历了从教师个体被动专业化向个体主动专业化发展的过程。前者仅仅把教师的教学工作看做是谋生的工具，教师是“用别人设计好的课程达到别人设计好的目标的知识传授者，是手段——目的的中介人”，是“教书匠”。教育、课程的目标、内容、实施和评价等过程均被“标准化”、“科学化”，这些都是可以通过“教”的方式“传递”给教师，教师处于被动的专业化状态。在教师被动专业化发展策略中，教师本人在专业化过程中根本谈不上有什么作用和地位。随着教师作用与地位的“重新发现”，教师个体在专业化发展过程中的作用越来越受到重视。例如在“教师与课程关系”的研究领域中，教师在课程开发中的地位和作用逐渐发生了变化，教师不再仅仅被看做是“课程实施者”，而是也被看做“课程开发的研究者和参与者”。这一观念的转变不仅为教师专业发展营造了良好的外部环境，而且为教师专业发展提供了一条现实的途径。随着课程编制权利的逐渐下放，对教师的专业化水平的要求也越来越高，而这一过程恰恰反映了教师“专业化”由近代“技术熟练者”范式向“反思性实践者”范式的转化过程。

（二）认知心理学和教师思维研究运动的兴起与发展：反思性教学的心理学基础

关于教师的研究，经历了从关注教师行为到关注教师认知的转变，认知心理学和教师思维运动的兴起和发展，为反思性教学奠定了坚实的理论基础。

20世纪60年代末之前，西方教学研究主要立足于行为主义立场，一方面考察“好”教师的特征，把这些特征抽取出来让未来教师学习，另一方面研究教师有效的教学行为，考察这些教学行为与学生学习成绩的关系，以确定教学的有效性。随着时间的推移、理论与实践的积累，人们越来越认识到这种行为主义研究的狭隘性。例如，教学行为的研究不得不把影响教学效果的诸多要素分开进行研究，每次只抽取教师行为的一两个要素，对其他要素进行“控制”，以切实证明研究的变量对教学效果的影响，这样很多其他影响学生学习成绩的因素便在这种范式的实验布局中被遗漏了。

进入20世纪70年代之后，认知心理学逐渐取代行为主义心理学的主导地位。认知心理学认为，每个人以各自独特的方式建构知识并运用于实践，注重对知识、思维和行动的交互作用的研究，这为反思性教学提供了理论基础和方法。随着认知心理学的发展，教学研究也越来越多地关注教师思维与行为的复杂关系，教师思维研究随之兴起、壮大。对教师思维的研究，最初作为对教学过程的深化研究，由一些具有认知心理学和信息加工理论背景的教学研究者倡导。他们认为，仅仅分析可见的教学行为不足以解释教学过程，因为最终决定教学行为的是教师的思维，是教师的认知过程。教师在教学过程中常常面临许多复杂多变的信息，教师如何理解这些信息并作出相应的教学决策，决定着课堂中所发生的一切。研究内容从横向地描述教师思维和知识结构，逐步扩大到纵向描述、解释，甚至“介入”教师思维的形成和发展过程。教师思维研究的重大贡献在于，它把人们的注意力由教师在课堂的所作所为转向了他们的思维方式。这一切为教师反思性教学奠定了良好的心理学基础。

（三）新课程改革：反思性教学的时代呼唤

长期以来，由于受“理论本位”的影响，教师仅仅是理论的“使用者”，被动地等待理论的产生，从中学习改进教学的策略。于是，教育政策的实施是自下而上，教师只是被动的实行者；课程是自上而下的，教师只是课程的传递者。但是自20世纪80年代以来，世界主要国家都在开展教育改革，广大教师不得不经常面对一些新的教育思想、教育课程、教育手段与方法，这些“新事物”既要求教师在知识结构上不断更新，也要求教师情感和意志上的不断调适。所有这一切都要求广大一线教师必须参与到改革中来，而不仅仅为理论研究者提供数据。为了增强教师改革的主体性，教师必须终身学习、不断反思。

我国目前正在进行的新课程改革，将更多的权利与责任下放给教师。例如，关于“三级课程”中的校本课程，就需要教师投入更多的思考，以便更好地开发校本课程，而不能仅仅完成教科书或教学参考书上的内容，这要求教师必须是反思型教师。

二、反思性教学的内涵与特征

关于反思性教学的内涵，目前并没有统一的界定，国内外的研究者分别从不同角度进行了说明。

（一）反思性教学的内涵

国外研究者关于反思性教学的界定，最有代表性的是杜威（Dewey，J.）、肖恩（Schon，D.）及维拉（Villar，L.）等。而国内学者熊川武、刘加霞等基于自身研究，分别从反思性教学的目的出发，对反思性教学进行了界定。

最早提出并深入研究反省思维（reflective thinking）的当属美国实用主义教育家杜威，杜威在《我们怎样思维》一书中，对反思作了界定：反省思维是思维的一种形式，这种思维是对某个问题进行反复的、严肃的、持续不断的沉思。并进一步解释为“对于任何信念或假设，按其所依据的基础和进一步推导出的结论，对其进行的主动的、持久的和周密的思考”。他认为反思是问题解决的一种特殊形式，是一种能动的、审慎的认知加工过程，它包含大量涉及个体内在信念和知识的相互关联的观念。①

杜威在该书中明确提出反省思维不同于一般的思考，反省思维的发生有两个条件：一是引起思维的怀疑、踌躇、困惑等状态；二是寻找、搜索和探究的活动，求得解决疑难、处理困惑的实际办法。其基本过程包括，第一阶段：暗示。当一个人遇到一个困惑的问题情境时，他不是立即盲目行动，相反，他要思考怎样做，他的思维跳跃到一个或多个可能的解决办法上，这种思考是一种替代性的、期待性的行动方式，一种行动的预演。第二阶段：理智化。困难或迷惑的理智化，使情境中的困

① 杜威．我们怎样思维［M］．姜文闵，译．北京：人民教育出版社，2005：11－14．

难与行动障碍更加明确，形成一个有待解决的问题。第三阶段：假设。原来的暗示被纠正、修改或扩展，成为一个明确的假设，然后运用假设来发动和指导收集数据的观察活动。第四阶段：推理，即对观念或假设做详细阐述。第五阶段：验证。通过行动来检验假设，对构想的观念作证明。在杜威看来，在实际的反思过程中，这些步骤或程序并不是固定不变的，它随着遭遇的问题与解决问题的方式而变化。①

在杜威反省思维理论基础上，真正将反省思维应用于职业培训的当推美国学者肖恩。肖恩认为，反思是指专业人员在工作过程中能够建构或重新建构遇到的问题，并在问题背景下进一步探究问题。因为“问题不会像礼物一样主动呈现给实践者，它们必须从复杂、疑惑和不确定性的问题情境中建构出来”，然后再找出解释或解决问题的方法，由此，他把“反思”与“行为”结合了起来。随后他提出两个概念：行动中反思（Reflection-in-Action）和行动后反思（Reflection-On-Action）。行动中反思指的是在行动中，个体有意识地或潜意识地不断对与他以往经验不符合的、未曾预料的问题情境的重新建构。行动后反思是个体对已经发生的行为的回顾性思考，其中也包括对行动中反思的结果与过程的反思。② 肖恩更强调行动中反思，强调对个体自己独特教学情境的深入理解，他认为行动中反思的结果——实践性知识更为重要。

其他学者如维拉认为，反思性教学是教师借助发展逻辑推理的技能和仔细推敲的判断以及支持反思的态度进行的批判性分析的过程。它是教师依赖理智的思考和批判的态度和方法，是教学主体自我解剖的过程。伯莱克（Berlak，J.）认为，反思是立足于自我之外的批判性考察自己的行动及情境的能力。包括把理论或以认识为基础的经验同实践联系起来；分析自己的教学和以实现改革为目的的学校情境；从多种角度审视情境；把机动方案当做自己的行动和自己行动的结

① 杜威．我们怎样思维［M］．姜文闵，译．北京：人民教育出版社，2005：94－99．

② Schon D A. Educating The Reflective Practitioner［M］. San Francisco：Jossey－Bass，1987：26.

果；理解教学的广泛的社会和道德的基础。这说明仅仅从技术上考虑、质疑或评价自己教学的有效性，并不是完全意义上的反思性教学，反思性教学要求教师审慎地考虑他们实践的伦理意义并乐意根据反思矫正不良行为。布鲁巴赫（Brubacher，J. W.）等在借鉴其他人思想的基础上，从时间维度把反思性教学实践分为三类：一是对实践的反思，即实践后反思；二是实践中反思；三是为实践反思。对实践反思与实践中反思，就其性质而言，基本上是反应性的，主要以反思发生的时间区分。实践中反思指反思发生在实践过程中，对实践反思意味着反思发生在实践之后。而为实践反思是前两种反思的预期的结果，即实践后反思与实践中反思最终形成超前反思，使主体养成为了更好实践，于实践前进行反思的习惯，即常常所说的“三思而后行”。因此，反思性教学，其目的不仅仅是回顾过去，或意识到元认知过程，而是为了指导未来的行动。①

国内学者也对反思性教学的内涵进行了界定，比较有代表性的是熊川武和刘加霞的定义。熊川武认为，反思性教学是教学主体借助行动研究（教师基于教学实践的研究，教师既是行动者也是研究者），不断探究与解决自身和教学目的以及教学工具等方面的问题，将“学会教学”（learning how to teach）与“学会学习”（learning how to learn）结合起来，努力提升教学实践合理性、使自己成为学者型教师的过程。②刘加霞认为反思性教学是教师教学认知活动的重要组成部分，贯穿于教学活动的始终，是指教师为了实现有效教学，在教师教学反思倾向的支持下，对已经发生或正在发生的教学活动以及这些教学活动背后的理论、假设，进行积极、持续、周密、深入、自我调节性的思考，在思考过程中，能够发现、清晰表征所遇到的教学问题，并积极寻求多种方法来解决问题的过程。③ 从定义中可以看出，反思性教学的最终目的是提高教

①② 熊川武．反思性教学［M］．上海：．华东师范大学出版社，1999：1－3．

③ 刘加霞．教师教学反思：内涵、发展特点及影响因素研究［D］．北京：北京师范大学教育学院，2003：25．

师的教育教学水平，是提出问题和解决问题、不断提升专业能力的过程。

（二）反思性教学的特点

综合国内外学者对反思性教学的理解，反思性教学的特点可以概括为问题性、研究性、辩证性和发展性四个方面。

1. 问题性

反思性教学以探究和解决教育教学问题为基本点。反思性教学来自于自我意识的觉醒，而自我意识的觉醒产生于在旧有理念导向下的实践的困惑和迷茫，反思产生于“问题”或“无知境界”。在这里，问题的内涵应该扩大化，凡是能引起自我信念的疑惑或心理上的不适都应该看做是问题，无论它是多么轻微和平凡的困惑和挑战。

2. 研究性

反思性教学需要意识的积极参与，需要智力和情感的投入。反思不等同于自发的、无意识的回顾和总结，它需要教师针对教育教学实践中出现的问题，从多方面分析问题，多角度寻求解决问题的策略，它是一项“长期工程”，具有明显的研究特征。

3. 辩证性

反思性教学的一个显著特点是它的辩证性。在这里，“辩证性”包括如下内涵：理解知识的相对性而非绝对性的本质。反省思维的重要特征就在于它能够接受互不相容的知识系统，了解到要发现绝对真理是不可能的，能够知觉到自己的假设与思考方式影响他们所获得的知识，不同的系统对于真理有不同的建构方式。当个体不可避免地面临冲突、对立的观点时，开始知觉到矛盾的出现，但是这种矛盾却无法通过摒弃其中一个观点来解决这种对立，也不能采取防卫性的抗拒或压抑，具有反省思维的教师就能够接受这种矛盾存在的必然性。具有反省思维的教师能够考虑如何去组织、整合这些矛盾的、对立的知识，他们能够将不同形式系统间的矛盾、对立的信息整合为更具有包容性、而且内部又协调一致的更广阔系统。

4. 发展性

反思性教学的发展性是指个体的反思具有过程性，在反思过程中，不同的教师可能经历或达到不同的发展阶段。反思性教学的第一阶段是自发性的、下意识的反思，在该阶段，教师并没有完全的智力（意识）投入，依靠的是教师的直接经验。在第二阶段，教师的反思逐步达到理性化水平，教师有意识地参照一定的教育理论和自我的教学经验，但不是固守于自己的经验，能够将经验与理论、实践的真实情况进行比较、判断。在第三阶段，教师能比较清晰地、准确地将发现的问题表征出来，从而多方面、多角度地寻求解决对策，进而监控、调节自己的教学活动。

（三）反思性教学的三种态度

杜威认为，反思需要三种态度：虚心、责任心和专心。①

虚心指的是对新的主题、事实、观念和问题都能采取包容的态度，倾听各方意见、留心任何资料，考虑各种可能性，承认自身观念中存在错误的可能性。虚心的教师不断检查是什么潜在原理促使我们认为事情是正确的或自然而然的，并努力寻找相互冲突的证据。虚心的态度使教师认识到，看待学生、学习与学校教育的不同方式各有优势与局限，不会僵化地坚持从一种角度而不审慎地从另外的角度看问题，相反他会倾听与接受他人的意见，并主动弥补自己的不足。

责任心指的是对个人行动及相关的结果负责任。有责任心的教师会

① 杜威．我们怎样思维［M］．姜文闵，译．北京：人民教育出版社，2005：33－36．

以超越急功近利的方式质问为什么做所做的事情，考虑它有效果的方式、原因以及对谁有效。责任心至少要考虑到教学的三种后果。一是个人方面的后果——教学对学生自我认识的影响；二是学术方面的后果——教学对学生智力发展的影响；三是社会与政治方面的后果——教学可能对学生生活机会产生的影响。

反思的责任心不仅仅解决是否达到个人目的或目标，还涉及对教学的非预期性结果的反思，即教育教学中的突发事件。教育教学环境非常复杂，很难按照教师的预期来呈现，因此每位教师都会遇到突发事件。有责任心的教师会对这些偶发事件进行深入思考：为什么会出现这个事件？如何去解决？对我个人成长有何意义？

专心指的是全心投入的态度。这种全心投入的态度是一种理智的力量，促进教师主动学习。专心的教师经常对自己的假设与信念以及行动结果作检查，并以学习新东西的态度走进各种情境。作为教师，他们不断努力理解自己的教学及其影响学生的方式，他们审慎地从不同角度来看待各种情境。

（四）技术性教学与反思性教学

教师在教学中时时刻刻都在思考，但并非关于教学的思考都可称为反思性教学。假设一位教师从不质疑他在教学中的目标与价值、教学内容，或者从不检视其假设，那么我们就可以认定他的教学并不属于反思性教学，反思性教学与技术性教学存在本质的差异。请看下面的案例。

一位教师的教学案例

小柯老师在A小学已经工作了三年。在这学期新接手的班里，有四位学生让她感到非常头疼。这四位学生每天上课时只是坐在位子上，什么都不做，似乎对什么都没有兴趣，有时还会在课上互相争执或与其他同学发生冲突，干扰其他同学，使教学无法正常进行。

小柯老师采用了很多办法，但却无法改变这种状况。小柯老师渴望得到专家的指点和同事的帮助，让这几个学生能尽快改变这种不良行为，保证课堂教学的顺利进行。

将教师视为技术人员

一开始，小柯老师试着了解，她应该如何处理学生们干扰他人的问题行为。她着重让学生明白违反教师的规定可能产生的后果。小柯老师记得在大学的教育心理学课程里，曾学过“果断纪律”方案。因此，想尝试这样的新方式，看看是否能加强对这些学生的行为约束。小柯老师认为，她的学生们只是不了解自身行为所代表的含义，而运用这种果断纪律方案，可能会建立一种规则：即根据学生的行为表现进行鼓励和处罚。虽然她不想成为班上的“黑脸”，但她知道，如果对学生缺乏要求，不去制裁和处罚不适当的行为，将造成教室里无法控制的局面，她认为想要达到成效，就必须“严格执行”。

将教师视为反思实践者

在每周五下午的教学研讨会上，小柯老师开始去反观学生行为背后的问题。她发现一个怪异的现象——她所定义的那些捣蛋的行为，事实上只是在课堂教学的某一时间段出现，而且这几个学生的家庭背景比较复杂，他们的父母有的在外地打工，有的在当地做着小生意，平时都没有时间与孩子交流、无法对孩子进行管教。小柯老师开始思考，在出现冲突和违纪行为的时候，自己的教学是怎样的状况？教学活动方式是否比较单一，无法吸引学生的注意？对于这些特殊家庭背景的学生，是否需要采取特殊的教育教学方式？小柯老师决定重新审视这几位学生的行为，并开始为这四位同学设计一种可让他们也投入其中的教学方式，并观察这些学生在个别学习期间的活动。

点评

在将教师视为技术人员时，小柯老师列出了学生们的行为问题与其问题所在，并开始找寻方案或技巧来纠正这四位同学的偏差行为。虽然小柯老师是为整个班级着想，但她的想法事实上却是来自于一些固定的假设——她假设在这样的情况下不会产生问题，她认为问题是“单独存在于学生方面”，她并没有试着检视教室环境，以及不同背景的学生与环境之间的不同互动。她也没有仔细思考在她所设计的解决方案中，具体的目标或价值。在这样的情形下，小柯老师并没有改变学生活动的方式，她只是想要改变学生的行为。而当小柯老师从反思性实践者的角度来思考教学时，她开始重新定义这些“捣蛋行为”，从多种角度寻找学生出现这些行为的原因，并试着了解不同的情形。她同时也对自己的教育观念和教学方式提出疑问。在以上两种处理方式中，采用技术性教学方式的教师往往局限于用某种方法解决某个问题，他们学到的仅仅是解决问题的技术，这种技术有时往往难以迁移，不能提升为专业知识，而教师作为反思性实践者就会跳出问题来看问题，发现问题背后的深层原因，如教育环境、自身教育观念等，从而更加有效地解决问题，发展思维，提升专业能力，产生实践性知识。

三、反思性教学对教师专业成长的意义

美国学者波斯纳（Posner，R. A.）曾提出教师的成长公式：“经验 + 反思 = 成长”。可见，反思对于教师的专业成长具有重要的意义。

自20世纪80年代以来，各国都在改革和寻求新的教师“学习与成长”模式。特别自《卡内基报告》和《荷姆斯报告》问世以来，西方先后出现了教师发展模式的多元化格局，如教师能力本位运动（Competency-Based Teacher Education，CBTE）、教学效果本位运动（Effect-Based Teacher Education，EBTE）等。这中间，注重教师自身的反思性

发展是其鲜明的特色，并由于其独特优势而受到推崇。它至少在两个方面的功能上优于传统的教师发展模式：一是通过强调教师对自己的教学实践的考察，立足于对自己的行为表现及其行为依据的回顾、诊断、自我监控和自我调适，达到对不良的行为、方法和策略的优化和改善，提高教学能力和水平，并加深对教学活动规律的认识理解，从而适应不断发展变化着的教育要求。二是赋予教师新的角色定位，即教师成为研究者（teacher as researcher）。通过教师成为研究者，使教师工作获得尊严和生命力，表现出与其他专业如律师、医师相当的学术地位，使教师群体从以往无专业特征的“知识传授者”的角色定位提高到具有一定专业性质的学术层级上来，进而改善自己的社会形象与地位。反思被广泛地看做教师职业发展的决定性因素。如果一个教师仅仅满足于获得经验而不对经验进行深入的思考，那么，即使是有 20 年的教学经验，也许只是一年工作的 20 次重复。教师要善于从经验反思中吸取教益，否则就不可能有什么改进，永远只能停留在一个新手型教师的水准上。①

因此，反思性教学拓展了教师专业发展的领域，是提高教师素质的有效途径，促进了教师教育的学理探讨，为教师教育改革提供了新思路，同时开辟了教师继续教育的新途径。

第二节　多方面多途径进行教学反思

内容是反思性教学得以进行的载体，主要指已经发生或正在发生的教育教学活动以及支持这些教育教学活动的观念和假设。本节介绍反思性教学的三种内容指向，即教学实践反思、学生发展反思及教学环境反思；提出了反思性教学的三种途径，分别是撰写反思日记、开展反思性对话以及制作电子档案袋。

---

① 张立昌．试论教师的反思及其策略［J］．教育研究，2001（12）：17－21．

一、反思性教学的内容

在教师的教育教学中，反思性教学的内容通常指向于教学实践、学生发展和教学环境三个方面。

（一）教学实践反思

课堂教学是教师最重要的职业生活。教师接受的教学理论只有运用到教学实践中，通过教学实践的检验，才能得以提升和发展。教师对课堂教学实践的反思，主要围绕教学实践的基本环节和要素，从教学目标、教学内容、教学方式、教学效果等方面进行。以下是一位小学语文教师对《美丽的公鸡》一课的教学反思。该教师对教学中小组合作学习的方式和效果产生质疑，促使她思考提高合作学习效果的策略。以下是她记录的教学反思片段。

案例

《美丽的公鸡》是21世纪实验教材第三册课文中的一篇童话故事。课文情节生动，语言通俗易懂，所以在课文教学过程中我为学生安排了大量读的环节，力求使学生在读中有所感悟。学完课文2—4自然段后，学生有着强烈的朗读欲望，为了使大多数学生有朗读的机会，我让学生在小组内进行分角色朗读课文2—4自然段的练习。五分钟过去了，大多数小组已经完成了朗读的任务。这时我环视教室，发现只有一个组读书活动还在进行。按时间计算，这时小组活动已进行了六七分钟，为什么会有这样的情况出现呢？我只好再多等一会儿，这时教室里只能听到他们几个人读书的声音。或许他们不愿意过多地浪费大家的时间，或许他们真的读完了，半分钟之后我们开始进入了下一个环节的学习。

评课时，碰巧听课的专家就坐在这个组的旁边，她告诉我一个使我感到非常意外的情况：这个组从开始就围绕到底谁读哪个角色而争论不休，谁都想读自己喜欢的角色，谁都不愿意为顺利地完成小组活动而放弃自己的“个性”。组长对这种局面束手无策，毫无办法。最终这个组也没有完成分角色朗读的任务。

为什么小组活动会有这样的情况发生呢？为了究其缘由，我先分别与这个小组四名学生就当天上课的情况进行了了解。其中三个组员都说道：我想读某某角色，别人也想读。我又问他们：是读自己想读的角色重要还是完成小组活动更重要呢？他们的回答是：完成小组活动更重要。他们真是这样想的吗？我又找到这个小组的组长，这是一个性格十分内向，不爱说话的男孩子，我问他：那三个同学都想读自己喜欢的角色，这时你应该干什么？他回答我：我给他们分配了，他们都不听我的，我也没办法。这些情况使我意识到这节课以及平时课堂教学中的小组合作学习是否真正起到了实效？要使小组合作学习发挥其应有的作用应该怎样做呢？

点评

在这个案例里，围绕教学目标的达成，教师对教学方式——小组合作学习进行了反思。教师在对教学方式进行反思时，应该从教学方式的含义和功能、如何选择教学方式进行反思。教学方式是教学活动不可缺少的一部分，它直接关系到教学活动的效率。选择有效的教学方法运用于相应的教学组织形式中，形成先进的教学方式，有助于提高教学活动的效率，确保教学目的的实现，还能使教学活动满足每个学生的个性化发展需求，促使学生的潜能得到最大限度的开发。教师应该随时反思自己的教学特点和学生的总体情况与可接受的方式，要根据自身的实际情况，并在充分了解学生的个性、兴趣、能力、思维方式、学习习惯、身心发展状况的前提下，选择恰当的教学方式，而不要一味地跟风，将别人认为最好的教学方式不加分析地照搬和机械地套用。

（二）学生发展反思

关注于学生发展、能力培养相关的一些因素的教学反思主要包括三个方面：其一，关注学生的学习成绩和各种能力的培养；其二，关注学生学习兴趣以及学习方法的培养；其三，关注学生健全的心理、人格发展。以下案例是一位教师在面对学生上课“插嘴”现象时进行的反思。

一天，上课在用“接受”一词造句时，同学们纷纷造出了一个个优美的句子。如：小红给我提的意见，我接受了；过年时，奶奶送给我的压岁钱我接受了；小明过生日时，我给他的生日礼物他接受了……王鑫坐在第一排。这时，他在下面忽然插了一句：我送给李容宇的一包老鼠药，他接受了。（李容宇是坐在他身后一位韩国同学）当时，全班学生哄堂大笑。课堂的秩序整个被打乱了。

类似以上这样的情况经常发生，开始我也为此伤透了脑筋。后来我想，与其予以制止，甚至批评，不如顺其自然，任其发挥。因为每个学生的个性不同，有的活泼好动，好出风头；有的沉默寡言，甘当听众。让活泼好动的学生敞开话匣子，满足其表现欲，利多弊少，何乐而不为呢？另外课堂结构也讲究动与静、松与弛的节奏美，学生的插嘴，教者不失时机地幽他一默，平静的课堂荡起欢乐的涟漪，课堂气氛不就生机盎然了吗？

课后我向王鑫了解了他这么说的原因。原来在前两天，他在电视上看到毒鼠强中毒事件，他知道了毒鼠强是一种剧毒的老鼠药，老鼠又是个坏东西。他想：“李容宇家要是有了老鼠怎么办呢？就送他一包老鼠药吧。”了解了原因之后我想：学生插嘴也不能算是一件坏事。当学生插嘴的时候，他的内心世界也就向我们敞开了。作为语文教师，面对学生的插嘴，除了冷静地对待以外，还要善于捕捉学生“插嘴”时所传递的信息，“透视”学生的心理，因势利导，对学生进行心理教育。

点评

这个反思是合理的，表明教师对上课“插嘴”学生的理解。学生课堂上“插嘴”，是教师经常会遇到的“偶发事件”。对这类偶发事件的处理，需要教师的教学机智。而对这些事件的反思，能够推动教师去了解学生，寻找积极有效的教育方法，提高教师的教育能力，促进学生发展。教师在对这类事件进行反思时，要注意对此情境进行重新界定，充分考虑事件发生时的情境，反思自己的教育观、学生观，深入了解学生，再去寻找积极有效的方法。切忌进行简单表面的处理，必要时可通过查找专业书籍、寻求专业支持，与同事讨论等方法，着眼于学生的健康成长，通过反思不断提升自身的专业水平。

（三）教学环境反思

事物是普遍联系的。教学时时处处都处于一定的环境中，会受到环境变化的影响。教师的教学环境是指同教学活动紧密接触、密切联系的自然的、社会的、心理的，包括有形的与无形的环境和条件。它包括教学物理环境、教学心理环境等方面。一位小学教师通过一个游戏活动，发现了学生对自己的真实评价，从而反思了自己与学生之间的师生关系。

在教学二年级识字课《十二生肖》的时候，上课开始，我设计了一个问题："请同学们猜猜毛老师是属什么的吧?"这个问题就像"一石激起千层浪"。孩子们热情高涨，一只只小手刷刷地举了起来，他们的脸上洋溢着兴奋的微笑。

生甲："我猜毛老师是属羊的，因为我妈妈就是属羊的，您像妈妈!"

生乙："您是属牛的吧？您每天都在墩地啊什么的，多爱劳动!"

生丙："不对，毛老师是属兔的，因为您挺温柔的!"

这时，有一个平时散漫而大大咧咧的男孩子站起来说："我看呐，毛老师是属虎的!"同学们一惊，赶紧问："为什么?"他慢慢地说："因为有时候，您对我睁着一双大眼睛，瞪着我，挺凶的，真厉害，多像大老虎呀!"大家一听都乐了。

这场看似简单而随意的对话给我留下了深刻的印象，使我真实感受到低年级学生对老师的感情多么单纯，可他们对老师的观察又是多么细致入微。教师对孩子们的情感，会从教师不经意的言谈话语、行为举止中流露，并被孩子们所捕捉、被他们所察觉、所感受！因此，老师要注意和学生的交流细节。

课堂上这个说我像老虎的男生对我的评价，就是在我平时和他的教育交往中形成的。在他出现问题的时候，在我指出、纠正他的缺点错误，提出努力方向和目标的过程中，我的严厉态度给了他最直接、最表面的感受，使他感到我很厉害，对他很凶，把我对他的全部感情简单地用他自己最直接的、最强烈的印象取代了。这是不利于他接受我的教育的。而这种感受也不利于师生间的情感发展。如何在批评教育孩子的过程中，仍能让孩子感受到老师对他们的一片真挚之情，一份爱心，这不是一件容易的事。如何使批评也充满关爱，如何把握好批评的时机，如何针对孩子不同的性格特征、气质类型，采取不同的批评形式和批评方法，这就需要在今后的工作中，使用更多的批评的方法、讲究批评的艺术。

点评

教师对教学环境进行反思时，既要考虑教学的生态环境、教学设施环境和空间环境等物理环境，也要考虑教学的人际关系、教师的管理方式、校风班风等心理环境。德国心理学家勒温（Lewin，K.）指出，人的行为是人内部的张力和外部环境引力的力场关系的结果。可见教学环境对学生学习有着巨大影响，因此，有必要对当前的教学环境进行反思，以便选择利用有利条件，改造不良环境，促进教学的正常进行。

另外，教师还应对自我发展进行反思。具体包括三个方面：一是关注教师自身的专业知识和专业能力；二是关注教师的人格魅力与自我形象；三是教师的生活和健康，如对工作的满意度、身心健康等。一般来说，教师更多地关注自身的教育教学，而较少理性地思考自我发展问题。或许是因为教师通过其他的渠道来表达自身发展的需要，而在反思性教学中较少表达。

二、反思性教学的途径

反思性教学的途径有很多，撰写反思日记、开展反思性对话和制作档案袋，是教师最常用的三种方法。

（一）撰写反思日记

反思日记是目前运用最多的一种方法，大量的研究表明，通过让教师写反思日记能有效地提高他们的反思能力。对于教师来说，反思日记能永久地记录他们的思想和经历；提供了一种和指导者建立并保持关系的方式；能自由地表达他们的看法和困惑；有助于进行内部自我对话。对于教师，反思自己不仅提供了一个了解教师思想和学习的窗口，还提供了一种和教师建立并保持关系的方式，同时日记可以作为一种对话教学的工具。

1. 什么是反思日记

反思日记是对教育、教学工作的总结与分析，它既包括教师自己的工作总结与体会，也包括对教学工作甚至自身教育理念中出现的问题进行深入的分析，并积极寻求解决的对策。反思日记没有固定的写作内容与风格，最好形成具有个人风格特色的反思日记。反思日记必须做到“有感而发，有感而记”。

2. 反思日记的写作原则

问题性原则：从自己感受到的问题或困惑出发来写；

具体性原则：从事件真实发展的具体过程来写；

评价性原则：不仅记录事件的发生与发展，更重要的是分析其发生的原因、探讨解决的对策。

3．反思日记的格式

案例式

发生了什么事情？

为什么发生？寻求多种原因。

采取何种策略解决？效果如何？要有自己的分析、有自己的观点、有多方面证据的支持。

随笔式

把自己教学中感受最深的、有新的理解的一些观点记录下来。

行动研究报告式

把自己在教育教学中开展行动研究的过程以及研究结果和分析讨论写下来，形成比较完整的研究报告，这是反思日记中比较特殊的一种。

4．反思日记的内容

反思日记可以包括以下几部分内容。

日记的日期与事件发生的时间。

对一天（一段时间）中所发生事件的概括性记录。

对令人兴奋的、疑惑的或突发事件进行深入、详细的记录与分析。分析的维度包括：对事件的所有可能的解释；事件的意义；已经学会的内容；提出的问题；自己对事件的看法；在此事件中，自己的责任是什么？

在写反思日记之前，可以借助以下问题展开，这些问题代表着不同的教学要素。

◇在教学之前，我的计划或期望是什么？实际的教学情境又是如何？它们之间是否存在差距？为什么存在差距？对以后的教学有什么启示作用？

◇根据学生和教材的特点，我的教学目标是什么？今天的教学是否达到了预期的目标？为什么？

◇今天的教学对学生都有哪些帮助？

◇今天的教学内容是否有助于学生未来的发展？为什么？

◇今天采用了哪些教学方法，进行了哪些教学活动？其优缺点各是什么？

◇今天是否设置了特殊的教学情境？其目的是否达到？为什么？

◇今天的课堂教学中令我印象最深的是什么？为什么？

◇我在今天的教学中用了哪些方法来评价学生的学习情况？这些方法好吗？为什么？

◇今天的教学对未来有何帮助与启示？

反思日记写完后，教师不能束之高阁，而要就自己的反思内容与同事或研究者进行交流与探讨。这一点也许比单纯地写日记更重要。在交流与探讨的过程中，可以依据反思日记作为交流的载体，同时，教师也应该有意识地搜集有特色的学生作业、自己教学的精彩片段、师生之间的对话、学生独辟蹊径的解题思路的过程记录等。

（二）开展反思性对话

目前，教师反思运用最普遍的方法是写作反思日记，这种方法对于增强教师的反思意识，提高自身教学水平起到了积极的作用。但是在实践中，很多教师认为写作反思日记不仅要花费大量的时间，受到写作能力的限制，而且局限于自我对话，缺乏交流。反思性对话可以弥补这种不足，这种对话发生于群体双方之间，它着眼于挑战自身的教育教学实践，通过在对话中不断叩问教育教学事件，去发掘教育事件背后的个人假设和教育理论，是个人隐性知识明朗化的过程。在这个过程中，教师自主发现解决问题的办法，最终能够发展实践知识，促进自身专业成长。

1. 反思性对话的特点

教师的反思性对话不同于平时常见的教育教学讨论，它具有问题性、自主性和建构性这三个特点。

问题性

反思性对话首先起源于问题。教师只有在教育教学实践中遇到了难以解决的问题或困惑，希望和同事、教师指导者进行交流，从而能够更好地解决这个问题，才可以称之为反思性对话。这种对话，常常要求教师先提出自己教育教学中的问题，通过沟通对话，去发现问题的实质以及问题背后的理论假设。在对话中，同伴也可以质疑教师所描述的教育教学情境，追问叙述者对问题的解释，帮助叙述者不断理清自己对问题的理解，通过对问题的共同探讨，分享各自的经验，来寻求问题解决的有效方法。教师平时关于教育教学的随意性的讨论不能称为反思性对话，它缺乏明确的问题，往往就事论事，不去深究问题背后的根源，因此也无法从根本上改变教师个人的教育观念，提升教育教学水平。

自主性

教师的反思性对话和教师指导者（包括教研员、教学干部）的评课和教学交流不同。这种指导往往凌驾于教师之上，直接指出教师教育教学中存在的问题，教师只是被动的聆听者。在这种指导下，教师往往没有发言权，缺乏自主发现和解释问题的机会，最后形成了一种期望教师指导者直接告知问题和解决问题的方法的习惯，教师自主发展的能力受到了忽视。而反思性对话尊重每个参与对话者的个人经验，教师指导者只是通过和教师平等沟通，帮助教师自己发现问题，自己去分析问题背后的原因，通过个人经验的分享，教师自己领悟到解决问题的方法，教师指导者不再是一个高高在上的指导者，而是教师的引导者和分享者，是教师对话的伙伴。在反思性对话的过程中，教师的自主性得到了发挥，他们主动探寻问题背后的原因，找到解决问题的方法，增强了自主发展的能力。

建构性

反思性对话承认教师也是知识的创造者。每位教师的教育教学都受到先前经验的影响，而反思性对话的目的就是通过教师不断地反思教育教学行为，将自身的内隐理论公之于众，在相互的交流和碰撞中，产生对教育教学事件和自身行为新的认识，从而建构新的个人实践性知识，推动自身发展。教师反思性对话的过程就是个体主动建构知识的过程。这种建构有时需要专业引领，使教师能够摆脱同水平的经验重复，真正实现从经验中学习。这就要求反思性对话者不能仅仅局限于同组、同学科教师之间，他们由于背景和环境过于相似，容易对许多问题习以为常，不再质疑其合理性，从而出现思维上的盲点，使对话变得没有价值。教师应该多进行跨学科、跨学校的异质对话，尤其是教师和理论研究者之间的直接对话，这种思维上的互相碰撞，使教师真正实现知识的重组和建构，获得启迪。

2. 反思性对话的操作步骤

基于国外关于反思的研究和自身的实践，教师的反思性对话可以概括为描述、澄清、面质和重构这四个步骤。

描述

在对话开始，教师首先要真实地描述整个教育教学事件。这个事件可以是教学中的某个成功或失败的环节，也可以是一次偶发事件、一个长期无法解决的问题。质疑自己的教育教学常常会让教师痛苦，但反思性对话就是要求教师能够敞开心扉，挑战自我，不断发现教育教学中的问题，从而推动自身向前发展。因此，教师一定要真实地、详尽地描述出当时的情境，叙述者可以用这些问题来提示自己：当时的情况是怎样的？我做了些什么？学生的反应如何？结果怎样？我感到困惑的是什么？对于叙述者，首先要求要有一定的观察能力，能够捕捉到事情发生时的细节，对于学生的表现要非常敏感，这样才能抓住主要问题，同时还要有一定的表达能力，能够把事件叙述清楚。为了避免时间久后对事件记忆的模糊，教师一方面可以采用事后及时进行反思性对话的方法，同时也可以简单及时地记录关键事件。而倾听者最好能够亲历叙述者的事件，对整个事件比较熟悉，通过自己的观察帮助叙述者回忆起重要细节，或者提醒叙述者没有注意到的细节。倾听者可以在关键时刻打断叙述者，通过不断地追问：你当时还做了什么？学生还有别的反应吗？帮助教师把事件，尤其是事件中的冲突和问题清晰地呈现出来。

澄清

澄清的主要目的是通过追问，了解叙述者对于事件的解释，暴露出个人的教育观念或潜在假设。它可以发生在描述过程之中，也可以在描述结束之后，这要根据叙述者描述的情境而定。在叙述者描述的情境中发生了冲突，或问题已经表述得很明显时，倾听者可以追问：你当时是怎样想的？你为什么要这样做？学生为什么会出现这种情况？你觉得这样做意味着什么？教师可能对自己平时的教育教学行为习以为常，很少去考虑自己行为背后的原因和理论假设，通过这样的追问，帮助教师挖掘自己行为的根源，使其“知其然也知其所以然”。教师的教育观念往往决定其教学行为，教师首先要澄清自己的教育观念，才能发现问题，进而更新教育观念。比如，一位小学教师在组织心理活动课《学会合作》时，精心设计了一个环节：神舟五号的升天录像，并配上了激动人心的解说词，让学生看后谈自己的感想。结果发现，录像中气氛热烈，而课堂现场气氛沉闷，学生很少发言，发言也在说空话、套话“我体会到，人多力量大”、“合作才能成功”等。看来这个教学环节的设计并没有触动学生的内心，教师大惑不解。这时，对话小组的教师就追问：你当时为什么要设计这个环节？你事先设想的效果是怎样的？你认为学生出现这种状况的原因是什么？通过这些追问，教师逐渐清楚地意识到，设计这个环节，是因为自己认为神舟五号发射成功是轰动一时的社会热点事件，同时也最能体现合作，而看录像这种形式也能激发学生的兴趣。这是从自己的兴趣点和关注点入手的，实际上离学生的真实生活较远，学生不能理解，没有达到激发学生兴趣的效果。

面质

面质就是当面质问自己的教育观念和理论假设，发现其中不合理的地方。这种发现有时在对话的过程中靠教师自己能够逐步悟出，有时则需要其他对话者，尤其是教师指导者客观地指出。在这个阶段，教师内心会充满矛盾，面对各种意见不知所措。这也是一个思想激烈碰撞的阶段，需要教师保持开放的心胸，虚心听取其他对话者的意见，敢于直面自己落后的教育观念或肤浅、不合理的理论解释。比如在澄清阶段，教师意识到了设计教学环节的出发点是基于自己的兴趣，没有考虑到学生的真实生活，认为看录像这种形式是激发学生学习兴趣的好方法。这时，对话者可进一步追问：心理教育要遵循的原则是什么？什么是一节好的心理活动课？学生在课堂上表现沉闷与教师的设计和引导到底有何关系？这些问题的提出，是对教师教育观念的质疑，因为教师没有意识到心理教育要遵循活动性和参与性的原则，教师要精心设计活动来帮助学生参与其中，从而体验合作的乐趣和合作的方法。同时教师对心理活动课的真正目的并不理解，心理活动课要贴近学生生活，引起学生心理共鸣，才能取得最佳的教育效果，所以要求教师要了解学生生活，从学生的生活实际出发，而不是从教师的兴趣入手来设计能够激发学生参与愿望的教学环节。在面质阶段，教师尤其需要更高水平的教师指导者引导他们挑战自己的教育理念，帮助他们找到自己存在的问题，而不是仅仅告诉他们如何改变教学行为，如何改变教学设计。

重构

在这个阶段里，教师的个人知识得到了重新建构。教师在意识到自己教育教学中的问题，找到了这些问题产生的根源，发现了自己教育教学理念上的偏差后，会对事件形成新的认识，产生新的个人理论。这时，可再次追问叙述者：如果这件事再发生，你会如何解决？你会怎样调整自己的教学？例如，教师在前面的面质阶段，发现了自己对学生心理教育和心理活动课的理解存在偏差，经过教师指导者引导，形成了新的理解，知道了心理教育要贴近学生生活，引起学生心理共鸣，心理教育要遵循活动性和参与性的原则，这就形成了新的知识。这种知识的形成不是教师指导者直接传授的，而是通过对话，逐步建构起来的。于是教师决定，重新设计这个教学环节，从学生感兴趣的生活实际入手，让学生能够参与进来，在活动中去体验。反思性对话的最后，是帮助教师自己找到解决问题的方法，在这种自省、自悟、自己解决问题的过程中获得自信，增强其职业自主发展的能力。

（三）制作档案袋

教师反思的第三种方式是制作档案袋，以下重点介绍电子档案袋的制作方法。

1. 档案袋与电子档案袋

档案袋可以分为三种：第一种是学习型档案袋，指的是为了支持反思、学习、行动研究、交流等专业活动而创建的档案袋；第二种是评价型档案袋，即围绕既定的评价标准在档案袋中提供符合这一标准的证据（作品），通过对作品的反思，将作品和标准相关联，例如，为获得教师资格认证而提交的档案袋；第三种是求职型档案袋，这种档案袋通常是求职简历的一部分，适合师范毕业生和准备换工作的教师，借助档案袋中的作品和反思展示专业能力。档案袋的目的不同，结构也存在差异。学习型档案袋结构最为松散，主要体现随时间变化个人在某一领域的发展；评价型档案袋的结构化程度最高，一般紧紧围绕评价标准组织作品。

档案袋倡导的是“基于证据的文化”，即要求教师用各方面的证据（如教案、练习材料、作业、课堂录像等作品）来证明目标是否达成、专业实践是否符合某一标准等。通常教师还需要为证据提供背景信息，对证据进行解释、说明和自我评估，对于评价型档案袋还应明确说明是为哪一标准提供的证据。创建档案袋的过程是对已有经验进行整理和系统化的过程，是积累和成长的过程，也是自我评估的过程。它不仅可以提供关于个体的评估结果和发展建议，还可以对发展进行定位。创建档案袋的过程也是一个知识建构和表征的过程，需要教师反思和批判性地审视他们对于教学和学习的信念和观点。档案袋把教师的教育教学观念公开化，这一过程不但有利于深化和发展个人的认识，而且有助于教师养成合作、反思和讨论的习惯，即档案袋可以使教师对自己工作的理解具体化和公开化，能够被讨论、反思和探究。

档案袋中的作品最初大多是纸质或实物的，保存在大信封或者大箱子里，这种档案袋管理不方便，会占用大量的物理空间；同时，档案袋复制困难，成本高，容易变成单纯的展示，导致档案袋的开发只注重结果，而忽视开发过程对学习的促进作用；此外，这种档案袋还难于携带，传播面小，导致难以成为进一步交流的载体。正因为纸质档案袋存在诸多问题，教师教育领域倡导采用电子档案袋。与纸质档案袋相比，从技术的角度看电子档案袋的优势在于：具有多媒体表现力，支持超级链接，易重复使用、修改和检索，容易复制，便于携带等。基于网络（尤其是 Web）的档案袋系统更便于教师的交流和评论，便于个体的自我展示，有助于帮助教师们形成专业实践共同体，还能使教师看到自己教育教学观念的发展变化，对教师的元认知能力、自我反思能力和自我评价能力的发展具有积极作用。

2. 电子档案袋的制作步骤

借助电子档案袋进行反思性教学，不仅要求就教育教学问题进行反思，形成文字，而且还要提供和组织“证据”。这通常需要进行多媒体素材的数字化、上载和作品的重新组织等工作，对教师的信息技术素养的要求更高。由于涉及计算机多媒体开发，且持续时间较长，电子档案袋制作的过程管理和控制就十分重要。电子档案袋的制作步骤如下。

第一，明确档案袋的背景和目标。这一阶段的主要任务是：确定档案袋评价的背景和创建目标、观众、开发可用资源等。

第二，工作档案袋。根据上一步确定的目标，选择合适的软件工具和作品。收集能够表现成就的多媒体材料，应该从不同的时间点选择作品，以证明学习和成长。在存储作品的同时，应写下简短的反思，以便日后能够回忆其独特意义。

第三，反思档案袋。对自己作品的反思是师范生从档案袋创建过程中学习的必要步骤。

第四，关联档案袋。这一阶段的任务是创建作品、反思和评价标准之间的超级链接。

第五，演示档案袋。在这一阶段将档案袋通过适当的介质（如CD－ROM、网络服务器等）发布出去，呈现给目标观众。对教师而言，这种展示是和其他教师分享学习档案袋，听取反馈的好机会。

3．基于电子档案袋的反思

反思是档案袋制作过程的核心。反思不但体现在对作品的选择上，而且体现在为作品和档案袋撰写的描述性、分析性、评价性的反思文本中。反思使作品集合成为真正意义上的档案袋；如果没有反思，那么电子档案袋只是数字相册、电子简历、多媒体演示或者个人网站。

概括相关研究，基于档案袋进行反思一般包括选择、描述、分析、评估和改进五个步骤，具体如下。

选择：选择了哪些证据/作品？对所选择作品进行简要说明；说明标准和作品的对应情况。

描述：这一步骤包括对证据/作品环境、情境和问题等的描述。通常应回答下列问题：涉及什么人？当时的背景、问题是什么？事件何时发生？事件在何地发生？

分析：这一步骤涉及“深入挖掘”。为什么提供该证据或者作品，以及它们和教师教学实践的关系如何。

评估：在前一步骤，已经描述和分析了某一经历、一件作品或者一个活动。这一阶段教师将进行真正的自我评估，即对这一活动或者证据做出解释，并评价其适当性和具体影响。

改进：这一步骤对教师的成长帮助最大，利用反思过程中获得的洞察力，提高和改进教师未来的实践。应该在这一步骤写出未来改进的具体措施。

第三节　以评价提升教师反思力

目前，关于教师反思性教学的评价并没有统一的标准，但各国教师教育者都重视通过评价来提升教师的反思能力。本节重点介绍当前国外运用最为广泛的三种评价标准，提出培养教师反思力的两种范式。

一、反思性教学水平的评价

国内研究者关于反思性教学水平的评定大多借鉴国外的标准。比较有代表性的是范梅南（Van Manen）、兰格和科顿（Sparks-Langer & Colton）等研究者关于反思性教学水平的评价。

（一）范梅南的反思水平评价

范梅南把反思性教学分成了技术合理性、实践行动和批判性反思这三种水平。①

水平1：技术合理性（technical rationality）。处于这种水平的教师依据个人的经验对事件进行反思，或进行非系统的、非理论性的观察，往往看不到目的的存在。这种反思的焦点（关注点）是为达到预先设定的目标而所采用方法的效率和效果，并不关注既定的目标是否合理。处于这种水平的教师只注意到了教学知识和基本课堂原则的应用以获得良好的结果，而看不到教学结果以及课堂、学校以及社会中的问题，很少对教育的价值与意义表示关注。范梅南把这种水平标定为经验分析模式（empirical-analytic paradigm），是反思的最低水平。

水平2：实践行动（practical action）。高于水平1，能够对系统和

① Pultorak E G. Following the development process of reflection in novice teachers: three years of investigation [J]. Journal of Teacher Education, 1996, 47 (4): 283 - 291.

理论进行整合，经常认为教学事件中存在着问题，但往往表现出个人的偏见。教师开始分析教育目标背后的假设，支持教育目标的信念，并对教学行为所导致的教育后果进行考虑。处于这种水平的教师，开始对学生和教师的行为进行分析，以确定目标和方针是否适宜，如何发挥作用。教育选择以观念为基础，教育者对教学后果的解释是以他们对教学情况的主观知觉为基础的，而不只是对客观的结果进行描述。范梅南把这种水平标定为解释学—现象学模式（hermeneutic-phenomenological paradigm）。

水平3：批判反思水平（critical reflection）。能够整合道德与伦理的标准。在这一阶段，教师以开放的意识，将道德和伦理标准整合到关于实践行为的论述中。在此，教学活动（目标和手段）与环境、背景均被看成是不确定的，它们是从众多可能性中作出的受价值支配（value-governed）的选择。在这一阶段，教师不带个人偏见地关注对学生发展有益的知识和社会环境的价值，他追问教育在学生成长、实现完满人生中的价值与意义。范梅南把这种水平标定为批判—辩证的模式（critical-dialectical paradigm），是反思的最高水平。

范梅南对反思水平的划分既有内在的连续性，又有外部的可描述性。因此，他对反思水平的划分，经常被研究者用来作为对教师反思水平进行评价的标准。

（二）兰格和科顿的反思水平评价

兰格和科顿根据教师对教学事件作解释的依据不同，将教师的反省思维划分为以下7种水平（如表2.1）。

表2.1　兰格和科顿对教学反思水平的划分

水　　平	特　　点
1. 没有描述性的语言	没有描述
2. 用外行话进行简单描述	我把学生分成了几组

续表

水　平	特　点
3. 用教育学术语给事件贴上标签	课堂中我使用了小组合作的方法
4. 用似乎合理的、传统的或个人的偏好进行解释	我经常使用分组阅读的方法来提高学生的兴趣
5. 用似乎合理的教育规律或理论进行解释	让每个学生在小组中表演，可能会帮助其他同学树立起帮助他人学习的愿望
6. 用明确的教学规律或理论进行揭示，并能考虑到其他的因素	在这堂课中，我按照学生的学习水平把学生分成了不同的小组
7. 考虑到道德、伦理、政治等方面进行解释	我之所以采用小组合作学习的方法，是因为班上同学的家庭背景不同，我希望我的学生能够超越家庭经济等因素的影响来认识对方并尊重对方

（三）霍顿和史密斯（Hotton & Smith）的反思水平评价

霍顿和史密斯通过分析师范生的反思日记，从反思内容和反思方式的角度提出了反思水平的划分方法。

水平1：描述性作品。不是反思，仅仅描述发生的事件，报告看过的文献，对教学事件并没有尝试着进行解释和证实。

水平2：描述性反思。反思不仅仅是对事件的描述，而且还尝试着对教学事件和教学行为进行解释和提供证据，其解释的依据是基于个人的判断和所阅读过的文献，并且仅仅是以报告或描述的方式进行。例如，我之所以选择这种“问题解决式”的教学方式，是因为我相信学生都是积极主动而非消极被动的学习者，能够认识到研究或文献中的多样化的观点。

水平3：对话性反思。是“自我”与“自我”的一种论述，运用定性判断和所有可能的方法，对教学事件产生的可能原因以及背后的假设进行分析、探究，这种水平的反思是分析性的，是对各种因素和观点的整合。

水平 4：批判性反思。说明所作决策以及所推理的种种理由，这些理由中考虑到了更广泛的历史、社会、政治方面的缘由。

从以上几种评价可以明显地看出，对反思性教学水平的划分都受到范梅南的影响，主要从反思内容的角度对反思水平进行划分。

二、教师反思能力的培养范式

关于教师反思的研究，尽管各研究者的观点不完全相同，但都强调了教师反思能力在促进教师自主专业发展方面的重要作用，为此，各研究者都非常重视培养教师的反思能力，使其能够对自身的教学行为和周围的环境进行反思，并作出有效的决策。杜威最早提出培养教师的反思能力和反思倾向性，使教师能作出多样的、有智慧的决定。然而培养教师的反思能力是一项艰难的工作，主要原因有两点：一是关于认知的本质的问题，即教师回顾自己的课堂情景并从这种经验中学习，这个过程十分复杂且很难获得；二是组织上的问题。比如，教师没有时间，学校指导者只有热情但没有实效，对有组织的反思的忽视以及对大学指导者繁重的工作要求，都是影响教师反思培养的原因。关于教师反思能力的培养，概括起来包括从外部环境出发的培养范式和从教师个体出发的培养范式这两种模式。①

（一）从外部环境出发的培养范式

从外部环境出发的培养范式，关注教师反思的外部环境和外部支持，哈顿（Hatton）和史密斯（Smith）将这些策略归为行动研究、个

① Schon D A. Educating The Reflective Practitioner [M]. San Francisco: Jossey-Bass, 1987: 14 – 16.

案研究、微格教学等几类。

第一类是行动研究方案（action research project）。反思贯穿于行动研究的整个过程，通过对行动研究过程和效果的反思，不断改进教师的教育教学行为，提高教师的反思能力。第二类是关于学生、教师、课堂和学校的个案研究与种系研究（case studies & ethnographic studies）。第三类是微格教学和其他指导性的实习经历（microteaching and other supervised practicum experiences）。微格教学是一种利用现代化教学技术手段来培训师范生和在职教师教学技能的系统方法，采用现代信息技术对学生的行为进行记录，及时准确地获取反馈信息，并引导教师反思，可以有效提高教师的教学能力，对于在职教师的反思培养非常有效。第四类是结构化的课程任务（structured curriculum tasks）。对课程任务从结构上进行分解，从教学目标、教学设计、教学环节等方面进行系统反思，从而发现课程任务完成中的问题。第五类是学生档案袋的管理和反思。通过建立学生档案袋，对学生的作品、学业成绩等内容进行管理，从而引导教师反思自身的教育教学行为。

（二）从教师个体出发的培养范式

从教师个体的角度来说，教师反思能力的提高，一方面需要教师自觉养成反思的习惯，另一方面需要教师掌握反思的方法，并不断运用于教育教学实践中。

教师应当怎样对自己的教学经验进行反思？布鲁巴奇等人提出了四种反思的方法：一是写反思日记。在一天的教学工作结束后，要求教师写下他们的经验，并与其指导教师共同分析。二是详细描述。教师相互观摩彼此的课，并描述他们所观察到的结果，随后与其他教师相互交流。三是职业发展。来自不同学校的教师聚集在一起，提出课堂上发生的问题，讨论解决的办法，最后形成的解决办法为所有参加的教师及其所在学校的教师所共享。四是行动研究。教师对他们在课堂上所遇到的问题进行调查研究。成为反思实践者是一项长期的过程，而且从很多方面来说是一项艰难的过程，正像一位新教师要成为一位好教师一样，成为一个真正的反思教师需要时间、经验，要付出代价。尽管如此，每位教师在自己事业的每个阶段，都应努力去成为一位反思性实践者，只有通过努力成为反思型的教师，才能不断提升专业水平，成为专家型教师。

对反思培养途径的探讨，直接和教育培训相结合，是与教育实践联系更为密切的一个领域，从多种角度探讨教师反思的培养途径，有利于教育理论和实践的结合。

反思性教学理论在我国方兴未艾，反思日益成为教师专业发展的日常活动方式，教师研究者通过各种途径培养教师的反思能力，推动教师专业成长。国外反思性教学理论带给我们的启示是：教师反思能力的提高需要来自两方面的力量支持。一个是内部的力量，即教师自己愿意反思、乐于反思，并能通过反思去主动学习和研究，以此提高自身的教育教学水平，这是教师反思的不竭动力，教师教育者要善于引导教师产生这种动力；另一个力量支持来自于外部，它是教师反思能力发展的有效保证。教师教育者和学校管理者要为一线教师提供良好的外部环境和专业支持，一方面要改革教师评价体系，以促进教师专业发展为目的的发展性评价制度代替以往的奖惩性评价制度，另一方面要为教师反思提供技术支持，如指导教师写作反思日记，和教师进行反思性对话，深入实践和教师一起开展行动研究，等等。由此，只有以反思作为教师发展的心理机制，通过具体直观的指导，帮助教师解决教育教学实践中的问题，才能推动教师的专业发展。

3

有效教学理论

有效教学（effective teaching）作为一种强调高效率、有质量的教学理论，是古今中外众多教育理论工作者与实践者孜孜不倦的永恒追求。例如，“班级授课制”的出现，其最终结果是通过扩大教学规模进一步提高了教学的效率。从夸美纽斯的“大教学论”到凯洛夫的“六段教学法”，无一不在为追求“有效教学”而努力探索。

当今社会，质量与效益同样也是教育领域的重要主题。良好的教育质量和效益，不仅是教育生存和发展的需要，也是人才培养和社会发展的需要，这是决定教育改革是否成功的关键，也关系到经济和社会发展能否实现全面、协调与可持续发展。因此，有效教学成为世界各国教育改革的重要价值取向，尤其是在近半个世纪以来，在西方各种哲学、心理学、社会学流派以及现代科技的渗透下，对“有效教学”的研究与认识逐渐深入和丰富，日益呈现多样化的发展趋势。进入21世纪，全球化竞争日益激烈，出于政治、经济和社会发展的需要，改善和提高面向所有学生的教育质量，成为世界各国教育改革的主题。这就要求教师在实践中，创设有效的教学环境，开展有效的教学实践，来促进每一个学生的发展。

第一节　教学是有效地促进人的发展和进步

最大限度地、最有效地促进人的发展和进步是有效教学理论的根本宗旨。本节主要介绍有效教学的基本内涵和特征，并对有效教学理论的发展进程进行说明。

一、有效教学的内涵与特征

最早对有效教学进行界定的可追溯到海德（Heider，F.）等人的早期归因理论研究；后来美国兰德公司（Rand Corporation）提出教育评价研究报告指出，教师效能与学生成就具有显著相关，更开启了教师效能研究的先河。[①] 但是，教育理论界对有效教学的定义一直以来均持不同的观点和态度，并未形成统一的看法。正如美国学者杨和沙文（Young，S. & Shaw，D.）在 1999 年所指出的："虽然在教师有效性方面已经进行了大量研究，但对什么是有效教学、怎样去定义、如何去评估的问题仍然悬而未决，到今天为止，这些问题也尚未形成公认的答案。"[②] 有效教学的概念之所以众说纷纭、尚无定论，是由于受到多种理论流派的影响，同时又呈现多样化的价值取向。

国外有效教学理论主要受到学习理论和社会交往理论的影响。行为主义、认知心理学、人本主义心理学的学习理论强调教学的反馈和强化、激发学生的学习动机、营造有意义的学习动机等方面，社会交往理论主要关注师生的交往和互动，这为有效教学的设计、实施和评价，提供了理论启发与参考价值。此外，由于教学活动所追求的目标和价值取

---

① 林进材．有效教学：理论与策略［M］．台北：五南图书出版有限公司，2000：23.

② Young S，Shaw D G. Profiles of effective college and university teachers［J］. The Journal of Higher Edueation，1999，70：670－686.

向不同，也会导致人们对有效教学的理解存在千差万别。

综合分析各种对有效教学的描述，可以将其大致分为如下两种类型。

类型一，强调教学目标的达成。有效教学是指学生在教师的指导下成功地达成预定学习目标的教学。也就是说，衡量有效教学的标准在于预定的教学目标是否达成。预定的教学目标不同，对有效教学内涵描述也会不同。例如，有学者从教学应实现知识、技能、思维的目标来考虑，认为有效的教学与学习就是能够激发学生学习欲望，促进学生积极地掌握知识以及团队工作和解决问题的技能，提高批判性思维能力和建立终身学习态度的教学与学习。① 也有学者将教学目标锁定在学生的学业成绩，认为教师的有效教学要能够创设以学生为中心、以学业成就为取向的课堂环境。

类型二，追求教学过程的有效。此类定义更多从教学过程的复杂性和教师运用教学策略的能力等方面来描述有效教学。英国学者柯里柯夫（Kyriacou，C.）认为："有效教学主要关心由某种教育活动怎样最好地促进了学生的理想学习。"② 麦克汉尼（McHaney，J. H.）和英比（Impey，W. D.）认为，有效教学应该包括以下几项内容："课程设计与发展；教学观念化的策略；教学整合化的策略；问题解决的策略；课程教材的呈现方式；布置课外作业的策略；评价教学活动经验。"③ 也可以说，判断有效教学的标准体现在教师的课堂教学实践之中，只有开展有效的教学活动，才能有效地实现教学目的，从而提高教育质量。

因此，在不同的理论依据基础上，在不同的追求目标和价值取向指引下，很难达成对有效教学一致的解释，也很难断定一种最佳的界定角度或界定框架。但仍然可以看出，用学生是否得到成功的学习与发展来

---

① Koppi A J, etc. Effective Teaching and Learning in a High-tech Environment [J] Innovations in Education and Teaching International, 1997, 34 (4): 245 -251.

② Kyriacou C. Effective Teaching in Schools [M]. Oxford: Basil Balackwell, Ltd, 1986: 9.

③ 林进材. 有效教学：理论与策略 [M]. 台北：五南图书出版有限公司，2000：28.

衡量有效教学，是今后研究和实践中的一个主要趋势。因此可以认为，广义上的有效教学，简言之就是通过有效的教学组织活动达成既定的教学目标，促进每一个学生的发展的教学过程。

综合多种看法，有效教学的基本特征，可以概括出以下几点。

1. 明确性（clarity）

有效教学需要目标明确、内容清晰、过程系统完整且符合逻辑。这里不仅指教师要明确整个教学过程，更重要的是，学生需要清楚地掌握教学内容。有效的教师（使教学更为有效的教师）可以向学生清晰地表达观点，遵循学生的思维逻辑顺序来解释概念，并且自由地变换教学风格。只有了解教师讲授的内容以及明确教师期盼的教学目标，学生才能够从学习经历中获得最大的收益。

2. 多样化（variety & multiple）

有效教学需要根据教学活动的特点，以多样化的策略、在多样化的环境中呈现多样化的内容。有效的教师能够充分利用不同方法策略进行知识技能的教学，有意识地在教学内容和学生的校内外生活之间建立联系，创设利于师生、生生交往的融洽的课堂氛围，从而激发学生的兴趣，维持他们的好奇心和注意力。

3. 任务取向（task-oriented）

有效教学的任务取向指的是，在有限的时间内规定教师的教学活动目标、期望学生做的事情或者是学生能够做的事情。有效的教师能够在规定的教学任务时间内完成教学活动，实现教学目标。良好的时间掌控与管理是衡量有效教学的重要方面。“教师把任务分解后，并为学生提供指导。这种指导并非是程序性的，而是通过亲身实践完成任务所需的必备步骤。通过这种方式，学生学会了成功完成一项任务的过程。”①

4. 学习成功率（success Rate）

有效教学的最终目的就是提高学生的学业成就，并达成预定的教育目标。有效的教师应该能够让学生保持较高的学习成功率。学生的学习成功率指的是学生理解和正确完成学习任务的比率。这种学习任务应该是有意义的，在教师的教学计划之内，并能最终促使学生获得成功的学业成绩和多样化发展。

5. 参与性（engagement）

学生参与学习过程指的是学生在一定时间内进行学习的行为。有效教师能够明智地使用教学实践，尽量避免可能用于学生管理的低效时间。例如，制定出日常管理的纪律规定而不是每次上课时都要重复和提醒等。学生的参与性与其学习成功率是密切联系的。研究证明，课堂教学中，教师用于解释和教学的时间越少，而学生学术学习和思考的实践越多，学生达到更高水平的学习成功率的可能性就越大。②

分析并提出上述特征，并非旨在划分有效教学与低效教学的清晰界限。这些特征不是必备的，而是可选择的，通常认为，教师的教学过程拥有上述特征越多，其教学就越具有效性。

总之，国外对有效教学的认识，是围绕学生的进步和发展展开的。有效教学活动以人的发展为中心，既要符合预定的教学目标，又要在动态教学过程中满足多元化发展的要求，既要追求有限时间内效率的最大化，又要确保教学质量并提高学生的学业成绩。在实践操作过程中，有

① Judith A L，ect. Guidelines for Teaching Middle and High School Students to Read and Write Well：Six Features of Effective Instruction［M］. Albany：National Research Center on English Learning & Achievement，2005：10.

② Gilbert H H，etc. Effective Teaching：Preparation and Implementation［M］. 3rd ed. Springfield：Charles C. Thomas Publisher Ltd，2009：11.

效教学也可被视为一套教学策略，即教师为实现教学目标或教学意图需要采用一系列具体的问题解决行为方式。因此，教师需要掌握有关的策略性知识，以便在面对具体情境时作出不同的决策。这种充满实践智慧的教学活动，需要教师不断反思与总结，因而最终也促进了教师的专业成长。

二、有效教学理论的发展历程

纵观有效教学理论的发展脉络，根据其研究内容、研究范式和关注重点的不同，可将其简要划分为关注教师在教学过程中呈现的人格心理特征、关注教学过程中教师行为与预期教学效果的关系和关注教学过程中多元变量与学生学习效果的关系等三个发展阶段。

第一阶段：20 世纪 60 年代以前，关注教师在有效教学过程中呈现的人格心理特征。

此阶段的有效教学研究旨在评估教师在课堂教学中的表现。研究方法以观察法为主，属于较为传统的研究方式。最初的有效教学研究首先从教师入手，主要关注教师的人格与心理特征。主要代表人物有赖安（Ryan，D.）等人。能够开展有效教学的教师具备怎样的人格特征？这是这一阶段有效教学研究重点回答的主要问题。

例如，赖安经过观察研究，认为教师的人格及行为是否符合或接近于三个主要特征，即可判断其教学行为有效性的高低。这三个主要特征为：热情、理解；有组织、有效率；有刺激、富于想象力。反之，低效的特征则为：冷漠、无情；散漫，草率；单调乏味、墨守成规。[①] 这种有效教学研究认为，成为有效教师的最佳途径是培养有效教师所具有的或应该具有的人格特征和品质。但是，这种观点机械地将教师特征行为与教学效果关联起来，忽视了课堂教学过程的实际情况，因此，遭到了

① 孙亚玲．课堂教学有效性标准研究［M］．北京：教育科学出版社，2008：39.

后来者的批判和质疑。

第二阶段：20 世纪 60 至 80 年代中期，关注教学过程中教师行为与预期教学效果的关系。

从 20 世纪 60 年代开始，明确以“有效教学”为研究主题的教育运动逐渐形成规模，提出了一系列的教学原则、操作方法和策略，研究内容从单纯关注教师的人格心理特征转变为关注教师在课堂整个教学过程中的行为表现和所采取的策略，以及这些策略与最终教学效果的关系问题，研究方法也拓展至使用调查问卷、编制量表、进行实验等更为科学的测量手段。至 80 年代，这种研究和实验都逐渐达到顶峰。[①] 主要代表人物有布洛非（Brophy，J. E.）等人。

此阶段有效教学研究规模发展的原因，通常认为主要有二：其一，受 20 世纪上半叶的教育科学化运动的影响，特别是在基于美国实用主义哲学及行为主义心理学的教学效能核定运动之后，“有效教学”的概念引起了世界各国教育研究与实践者的关注；其二，在长期以来“教学是艺术还是科学”的争论中，“教学是科学”的理念逐渐显现并占据主导地位。也就是说，尽管教学过程十分复杂，但也不是完全个性化的，有其共同的特征，这些特征是以哲学、心理学以及社会学为理论基础的，并且还可以用这些科学的理论来研究教学行为。因此，“有效教学”所追求的核心价值即是用科学的方法寻求最有效的教学效果。由英国学者柯里柯夫提出的“环境—过程—结果”研究框架，基本上构成了在此之前所提出的有关有效教学研究的基础。[②] 在这一研究框架中，环境变量指影响有效性课堂教学真实环境的基本特征；过程变量指影响最终学习效果的师生之间交流与互动的行为特征；结果变量指教学所要达到的预期目标和效果。该框架强调过程变量的重要性，认为它能够决定结果（教学效果）变量，进而反映教师教学的有效性。

由此可见，此阶段的有效教学研究开始关注课堂教学行为的活动研

---

① 崔允漷. 有效教学观念的策略［J］. 人民教育，2001（6）：46.

② 高文. 现代教学的模式化研究［M］. 济南：山东教育出版社，1998：128.

究。这种行为活动的研究涉及两个方面：最初是对教师教学行为的描述、分类；从20世纪70年代中期开始强调学生学习行为的重要性，因此转向研究那些能够促进学生学习成就和引发学习活动的教学行为特征。例如，布洛非在1982年提出，教师的一些教学行为和学生成就有显著相关，这些教学行为主要包括：教师的期望、角色定义与增强效能感；班级管理与组织；构建支持性的学习环境；主动教学；课堂的安排；增加学生的学习机会；精通教学；注重年级差异。其中，教学方式和教师期望对学生学习成就影响最大。①

此外，本阶段的研究还提出了“教学模式”这一概念，出现了诸如“有效时间教学模式”、“掌握学习模式”等有效教学模式，这些教学模式旨在综合和概括多种因素和行为策略，为提高课堂教学的有效性提供了综合的解释和实践途径。

第三阶段：20世纪八九十年代以来，关注教学过程中多元变量与学生学习效果的关系。

20世纪80年代中后期开始，有效教学进入综合发展阶段，研究内容更加多元化，其中尤为强调教师的教学要有效保持学生较高水平的学业成绩标准。研究方法也更加追求科学化和可信性，大量有效教学实践得以开展，呈现出更加繁荣的研究与实践态势。主要代表人物有博里奇（Borich，D.）、亨特（Hunter，M.）等人。

随着经济、政治、社会全球化趋势和程度的逐渐加深，教育在推动社会发展、促进多元文化融合中的作用也更加突出。为积极应对未来社会的严峻挑战，世界各国纷纷将教育置于国家各项事业发展的关键位置，制定了多项以提高质量为主题的教育改革举措，旨在通过改善学校教育教学，有效培养出能够适应未来社会变革、全球化竞争和多元文化环境的受教育者。在此背景之下，从20世纪80年代末以来，英美等国以及民众对提高学生学业成绩的呼声日益强烈。在英国，“通过有效的

① 林进材，有效教学：理论与策略［M］. 台北：五南图书出版有限公司，2000：56.

数学教学提高学生数学成绩的标准已经被放在了国家的重要议事日程上"①。2000 年，美国通过的"不让一个孩子落后"（No Child Left Behind）法案，呼吁各州要将学业成就放在重要位置，并尽量做到不让任何一个孩子的学习成绩落后。因此，这一发展阶段的有效教学研究与实践活动关注的是，以提高教育质量为目的、通过多种方法分析和评价有效教学活动及其教学效果，其中尤其需要有效提升学生的学业水平。例如，此段时期，经济合作与发展组织（Organization for Economic Cooperation and Development，OECD）实施的"国际学生评价项目"（Programme for International Student Assessment，PISA）以及国际教育成就评价协会（International Association for the Evaluation of Educational Achievement，IEA）实施的"国际数学与科学研究趋势"项目（Trends in International Mathematics and Science Study，TIMSS）和"国际阅读素养进展研究"项目（Progress in International Reading Literacy Study，PIRLS），均是率先评价、分析和比较各国间学生学业成绩的创举，并以此作为向各国提供教学改进建议的基础和依据。OECD 更是在 PISA 项目的基础上，于 2008 年开展了"教与学的国际调查"项目（Teaching and Learning International Survey，TALIS），首次有针对性地对引发不同学生学业成绩结果的教师教学行为进行调查和国际比较研究，并发布了题为《创设有效教学与学习的环境：来自首次 TAILS 的结论》的报告。

全面分析有效教学研究综合发展阶段的情况，主要表现出以下特点。

1. 更加关注教学过程中多元变量之间的关系

影响有效教学的因素相当多，如教师、学生、教学目标、教学法、教学情境、班级气氛等。要根据研究的问题与目的，来选择各种变量、运用多种研究方法来探索各变量间的相互关系。此外，随着科技的进

① Koshy, Valsa. Effective Teaching of Numeracy for the National Mathematics Framework [M]. London: Hodder & Stoughton Ltd, 1999: 4.

步，各种教学手段逐渐介入教学过程，创设适当的教学环境也成为十分重要的变量。例如，有学者认为，有效的教学环境应该轻松舒适、有益于教学、宽畅并且有足够的学习材料。近年来的研究不但注重教学的物质环境，还对教学的精神文化环境给予了充分的重视。有效教师善于营造各种有利于学习的气氛，激发学生的学习动机。多伊尔指出，教师需要了解班级生活的各种特征，以此作为教学活动的参考，从而提升教学的有效性。这些特征包括多层面、同时性、紧密性、无法预测性、公开性。①

2. 学生的学习行为在有效教学中的地位日益凸显

由于实施有效教学的前提是每个学生都参与到教学活动中来，并且随着对教育过程和结果公平的强调，以学生为中心、关注每一个学生的学习效果而不是教师教得如何，已成为有效教学的重要价值追求之一。教学策略是否有效，通常以能否实现教学目标和保持学习者的学习积极性为主要标志。因此，研究教学如何激发学生积极主动的学习行为、取得良好学习效果，显得尤为重要。

3. 强调教师的专业发展

学生与教师是教学活动的直接参与者，其各自的成长和发展共同促进了整个教育质量的提高。作为有效教学活动的实施者，教师需要不断反思和审视自己的教学行为与策略，运用恰当的测评手段衡量学生的学习获得，总结导致预期教学效果产生的原因，从而能够根据具体的教学情境，机智地作出教学决策，使教育智慧逐渐得到提升，并切实采取行动以实现有效教学。

4. 强调综合运用多种方法开展研究与测评工作

由于教学活动具有复杂性、多变性的特点，单一的研究和测量方法

① 林进材．有效教学：理论与策略［M］．台北：五南图书出版有限公司，2000：58.

很难评价出教学的效果，需要揭示各种变量之间的因果关系。特别是美国在2000年“不让一个孩子落后”法案公布后，联邦政府的资助资金明确表明要引导有科学依据的教育研究项目，并将经典的实验研究界定为5个特征，即（1）研究者必须运用观察法或者实验法来收集有效的、可信的数据；（2）研究者要通过适当的、研究的程序来分析数据；（3）研究者运用实验或者准实验的设计，最好是随机分配研究主体到不同情境中；（4）研究是可复制的，并易于被其他研究者实施；（5）研究要经得起由独立专家小组的匿名评审。但也有专家学者认为，案例分析、调研和其他描述性的、人种学的研究方法对于教育研究也很有价值。尽管关于有质量的教育研究的争论还远未结束，但这种争论直接促使了有效教学的研究必须整合多种方法和测评手段，才能更好地改善教学活动，从而切实提高学校的教育教学质量。

此外，20世纪80年代末、90年代初开始的基于标准的教育改革运动，主要目的是改进中小学生不尽如人意的学业成绩和缩小不同学生之间的成绩差距。这一运动直接影响了有效教学的研究内容和发展取向，许多机构和研究者开始探索影响有效教学各种因素的标准研究。这些标准化的研究，为高质量的课堂教与学的行为，提供了更为客观全面的评价标准和专业的教学指导框架。目前，美国几乎每个州和学区都有指导教师开展有效教学的行为标准。例如，路易斯安那州初等及中等教育委员会（The State Board of Elementary and Secondary Education，SBESE）于1992年颁布了有关新手教师和有经验教师的教学标准——“州有效教学构成框架”（Louisiana Components of Effective Teaching），除用来指导教学行为之外，还用于在每年评估未来发展，设计出更为具体的教师评估指标，并且这一指导框架还在根据现实发展而进行不断地调整和修订。

第二节　好课的特征指引有效教学的开展

有效教学的研究往往从课程出发，注重教师如何更好地教授课程内容、实现课程目标。因此，课堂表现是观察和评价有效教学最直接的载体。一堂好课，能够高效地完成既定的教学目标，促进学生主动发展。高质量的教与学的活动，也依赖于这项活动是否具备专业性很强的标准。因此，界定好课的基本特征，对教师实施有效教学，促进教师自我反思和专业成长，具有较强的行动指导意义。但是，由于每一堂课都具有不可重复性，并且每一个学生个体都是独特的，所以并没有一种普遍的有效"教学模式"适用于所有课堂和学生。从这个意义上来讲，界定好课的目的并不是用一节好课的共性特质去评价和套用在所有的课堂之中，而是仅仅提供一个更为科学合理的实施与评价的思考框架和行动指南。它更多作为一种思想和行动理念，而不是一种教师可以直接在课堂中加以运用的操作技术，或者一套直接用于评价教师行为的具体指标。也就是说，研究和实施有效教学，更多需要依赖教师的实践智慧和不断的专业发展。

按照课堂教学的基本组成部分，可将其大致分为教学准备、教学实施与管理、评价与反馈三个环节。能够被视为好课的教学活动，教师往往在这三个环节中精心设计，在实施过程中形成决策，并体现出好课的共同特征。

一、教学准备：目标取向

"有效教学既是预设的，又是动态生成的，是充分预设与动态生成的辩证统一，预设是生成的前提和基础，生成是预设的超越和发展。”①有效教学应该是有目标、有计划的活动，教学准备与教学计划是基本要求和前提。

在教学准备活动中，要充分考虑以下三个基本要素。

1. 明确教学目标，使其可测量或可观察

根据教育总目标、课程标准、教材指导大纲，确定课堂教学的目标。目标的内容与呈现方式应该是可测量或可观察的，以便为教学效果的评价和反馈环节提供基本标准和依据。设定教学目标时，不能仅仅依照教学内容，而应充分考虑课内外、教师和学生以及偶发因素等动态影响，使最终生成的教学目标富有弹性。

2. 全面考虑学情教情，创设激发学生主动学习的适宜情境

奥苏贝尔认为：“假如让我把全部教育心理学仅仅归结为一条原理的话，那么，我将一言以蔽之曰：影响学习的唯一重要的因素，就是学习者已经知道了什么。要探明这一点，并应据此进行教学。”② 因此，在教学准备中，首先要诊断学习者的起点能力及背景知识、了解学习态度及学习风格。其次还要分析、理解和把握教学内容，建构所教内容的知识背景体系，确定重点难点以及知识点。只有两者的有机融合，才能从学生的实际情况和需要出发，创设一个能够激发学生主动参与、积极思考的课堂情境。

3. 系统设计教学流程，实现教学资源的合理开发

确定通过何种方式方法来实现预定的教学目标十分重要。有效的教学准备系统设计、合理组合，包括教学方法、教学组织形式、课堂结构

① 宋秋前．有效教学的涵义和特征［J］．教育发展研究，2007（1）：40.

② 奥苏贝尔，等．教育心理学——认知观点［M］．余星南，等，译．北京：人民教育出版社：1994：插页.

与形式以及课堂管理因素等在内的计划安排，使之形成一个连贯的整体。在这一过程中，需要统筹考虑除教材之外的教学内容以及各种教学辅助手段等有效资源的整体利用。

美国路易斯安那州的“有效教学构成框架”认为，教学计划与准备是教与学过程中重要的组成部分，主要是教师的脑力创造活动。因此，该框架对“教师教学准备计划”提出了行为标准。判断教师的教学计划是否有效，需要满足以下特征：用清晰、精确的教学目标详细说明学习者的学习结果；设计实现这些教学目标的活动；教学计划要适应学生个体差异；识别和考虑到课堂所需的各种材料，而不仅仅是教材、黑板、纸笔等标准材料；陈述测量学习者学习结果的评价方法；根据课程需要，设计个性化教学计划或个性化的家庭服务计划（后者仅适用于特殊教育教师）。①

教师在教学准备中充分考虑上述要素之后，才能立足教学内容的重点和难点，使课堂教学更具方向性、更富实效性，避免出现缺乏计划准备、内容苍白、活跃但低效的热闹课堂。鉴于此，可供优先选择的教学准备策略有：

——目标陈述策略。教师以陈述表达的方式，将教学目标转换为学生的学习目标，尽可能达到教学目标任务化和问题化。根据基础教育新课程改革的要求，目标陈述应实现三个维度，即结果性目标（知识与技能）、程序性目标（过程与方法）、体验性目标（情感、态度与价值观）。

——协作互助策略。教师采取同伴协作以及师生协作的方式来进行教学准备。与教师之间的协同合作，能够更好地把握课程目标、教学重难点以及知识结构特点，利于取长补短；与学生之间的双向沟通，能够更好地了解学生的背景知识、兴趣特点等，便于有的放矢。

① Louisiana Department of Education. Louisiana Components of Effective Teaching [EB/OL]. [2011-11-02]. http://www.doe.state.la.us/lde/uploads/5564.pdf.

失败的案例：

一位青年教师在教学《圆明园的毁灭》第二自然段时，针对文中的二、三句——“它由圆明园、万春园和长春园组成，所以也叫圆明三园。此外，还有许多小园，分布在圆明园东、西、南三面，众星拱月环绕在圆明园周围”，让学生通过画图的方法来理解课文句段。由于教师没有非常明确的要求，学生画画显得有些手足无措，不知三园如何摆布，也不知东、西、南三方在图中如何体现，还有的问“用什么色彩的笔来画呢?”“要不要给自己的画命个名呢?”这乱糟糟的折腾，花费了十几分钟的时间。①

点评：

显然这十几分钟的教学效率是十分低下的。教材这一处并非教学的重点，在这里花大量时间进行训练，是对教材的不当处理。再说教材并没有十分明确地说明三园位置，学生研读文本也难以画出符合真实状况的位置图来。

二、教学实施与管理：学生中心

教与学要以学生的“学”为中心，强调在教师有目的、有计划的指导下，实现学生全面发展。有效教学最为重要的一点就是课程教学在多大程度上对学生具有意义。从课堂教学的实施过程来看，一节好课往往具备有效呈现及有效监控两个特征。有效的课堂教学，能够在单位时间内，以有利于学生接受、参与和反思的形式呈现教学内容，并能够按照预定的教学计划有序地实施，在实施过程中予以适当的指导和评价。

① 熊生贵．有效教学与有效课堂大家谈［J］．语文教学通讯，2007（10）：14.

1. 有效呈现，使学生主动参与教学过程

有效的课堂教学应该在预设的时间内，按照预期的教学计划，以最有效的方法和手段，让学生参与到教学过程之中，达到预期的教学目标。因此，教师首先需要激发和调动学生学习的动机，并将之贯穿于整个教学过程。其次，还要注重保持学生的注意力，并使学习具有明确的目标指向。此外，还应创设条件，促使学生认知结构中新旧知识产生相互联系。在应用练习环节，要积极促成学生对新知识、新技能的理解、巩固和迁移。在教学时间控制环节，教师应尽量减少不必要的组织教学时间，合理安排教学节奏，随时观察学生的反应与表现，创设有利于学习的物质环境（教室环境、多媒体手段等）和精神环境（良好的班级学习氛围）等。这些都有利于激起和保持学生的注意力，调动其主动参与学习过程的积极性。

2. 有效监控，使学生朝向预设目标发展

教师能够监控学生的学习，采取适当的教学节奏，把握学习进度，促使学生获得预期的成长与进步，这是课堂有效教学实施与管理过程中的另一特征。通常，教师对教学内容的难易水平、教学组织方式、教学手段的运用、学生的反应与提出的疑问、取得进步和所犯的错误等方面予以监控。例如，利用提问、小测验等方式在课堂上给予学生即时评价和反馈。评价的手段应该是积极的、具有帮助意义和建设性的，要确保所有学生能够获益，培养学生的学习兴趣和求知欲望。

在有效的课堂教学实施与管理过程中，有效地监控课程进展情况和学生的学习进步，与教学内容呈现的有效性是密不可分的。在实际的教学过程中，两者互相融合、相互影响，是实现教学目标、有效实施教学计划的基本前提与保证。

美国伊利诺伊州一位高中数学教师经过多年的实践与反思，提出了自己对数学有效教学的基本理解，其中她提到，“使教学有效的数学教师通过多种方式来呈现数学概念，并展示如何解决问题，以帮助所有学习者得到最广泛的指导”，多样化的呈现方式能够帮助学生获取超出数学概念之外的“个人意义”，并为他们提供“以多种方式思考的机会”。“通过学生亲自实践真实形状和尺寸测量，能够最好地学习几何学和测量学，类似‘几何画板’（Geometer's Sketchpad）的计算机程序也非常有用。”①

路易斯安那州“有效教学构成框架”同样也对课堂教学内容的呈现及管理提出了要求。在有效呈现维度，要求“教师呈现适当的教学内容”，包括以符合学生适当的认知发展水平来呈现教学内容，主题要明确；通过适当用举例或现状来说明教学内容。在有效管理维度，考察教师“组织学习环境，维持学生行为”的能力，包括保持有益于学习的环境、在最佳的时间内进行教学、教师通过提供积极的学习机会来管理学生的行为。

由于并不存在某种特定有效的教学管理策略或技巧，必须根据具体的教学目标、教学内容、教学情境以及学生差异和需要来灵活选择，所以教师在实践中产生了诸多富有成效的教学方法与策略，如差异教学策略、教学优化策略、主体教学策略、情感教学策略、分组教学策略、合作学习策略、研究性学习策略，等等。综观各种教学策略，其中与有效课堂教学息息相关的两个特征，便是时间控制和良好的师生互动。

鉴于此，教学过程有效管理的优先策略如下。

1. 教育性对话策略

对话是师生课堂交往互动的主要形式。有效教学的过程就是一个通过对话使学生积极参与的过程。师生双方的相互沟通交流，能让教师与学生分享彼此的思考、经验和知识，交流感情、体验与观念，丰富教学内容，求得新的发现。在教育性对话策略中，教师的合理定位，应该是

---

① Rachel Sorensen. Effective Teaching in High School Mathematics [EB/OL]. [2011-11-02]. http://www.lakeforest.edu/images/userImages/blocker/Page_3947/rachelsorenson.pdf, 2003.

话题的提供者、交往环境的创设者、课堂教学的主持人、学生倾听者和欣赏者。此外，教师还应该做到公平公正地对待每一位学生，提高亲和力，缩短师生距离，对学生给予适时适当的评价和反馈。

美国“教育多元化与卓越化研究中心”（Center for Research on Education Diversity and Excellence，CREDE）提出了教育性对话策略的基本活动指标：①布置教室以便于教师和学生小组之间经常性地对话；②有清晰的学业目标指导着教师与学生的对话；③保证学生能够有充分的机会自由地表达自己的所思所想；④保证对话的进行融入学生的观点、课程文本的资料信息以及其他支持性的材料；⑤保证所有的学生都参与到对话的过程中来；⑥聆听并判断学生的理解水平；⑦在对话的过程中通过提问、重述、表扬、鼓励等方式维持学生学习的进行；⑧引导学生准备一个足以代表对话教学的目标达成的作品。①

2. 时间优化管理策略

可以将一节有效的课时大体分为教学时间、专注时间以及思考时间。教学时间即教师将教学内容的传递成功转换为激发学生自主思考所需的时间。专注时间是学生专注于指定活动的实际时间。学生积极自主的专注学习时间，可称之为思考时间，这是相对于学生专注于某项学习活动但并未深入理解、而是流于表面而言的。有效的课堂管理和实施，能够最大化地保持学生积极地专注于学习活动的时间，提高课堂教学的质量。为此，教师需要科学合理地安排课堂教学时间，最大限度地减少不必要的时间损耗。同时，还要充分把握上课后第 5 分钟到 20 分钟这一最佳时域，保持传递信息的适度适量，提高单位时间的教学效益。最后，还需要给学生留出自主学习和思考的时间，促使其主动构建知识，促成认知过程中的信息增值。

① 谌启标．美国有效教学标准框架及其研究［J］．教学与管理，2003（16）：79.

成功的案例：

在教学《翠鸟》一课时，我运用了启发式提问："从哪些词句可以看出翠鸟捕鱼时动作的敏捷？"学生们找到这样一句话：只见那苇秆还在摇晃，水波还在荡漾。我故作疑惑追问："这句话没有写翠鸟呀？"这一问，激活了学生的思维，孩子们纷纷发表自己的看法。有的说："虽然没写翠鸟，可苇秆是翠鸟蹬的。"有的说："翠鸟已经飞远了，可苇秆、水波还在动，它飞得多快呀！"由此看来，孩子们在我的启发下，明白了"苇秆还在摇晃，水波还在荡漾"是从侧面衬托了翠鸟动作的敏捷。①

点评：

课堂提问是语文教学的重要手段，是师生交流与互动的主要方式。适时的提问与反馈，能够激发学生主动思考和参与的积极性，拓展学生的发散思维。

三、评价与反馈：多元考评

教学评价是以教学目标为依据，运用科学可行的方法，通过系统收集有关的教学信息，对教与学的过程和结果进行价值判断的过程。教学评价具有导向、诊断、指导、反馈、激励等功能。课堂教学之后的回顾与评价，也是教师进一步提高教学质量和教学效率必不可少的环节。有效教学的评价与反馈环节一般包括两个方面：对学生的评价——记录并评定学生的进步状况；对教学活动的评价——评价课堂教学过程的成功与失败之处以及影响。教师的自我反思贯穿于这两项工作的始终。

① 熊生贵．有效教学与有效课堂大家谈［J］．语文教学通讯，2007（10）：17.

1. 对学生的评价

学生取得的进步或发展如何，是衡量课堂教学是否有效的唯一指标。主要通过测验、练习、作业、提问、观察等方法，来考查学生的实际表现符合预先设定教学目标的程度。需要强调的是，一节好课能够促进学生的全面发展，这意味着不仅要完成知识、技能等基础性目标，同时也要关注学生是否形成正确的学习态度、获得积极的情感体验，是否养成了正确的价值观、人生观和世界观等。因此，教师需要坚持正式和非正式评价相结合、过程性评价和终结性评价相结合的方式，例如及时反馈和点评学生的学习表现，利用身体语言表达赞扬与肯定等，避免仅用一次考试的结果来排序并判定学生学习的优劣。

2. 对教学活动的评价

评价一堂课的教学活动成功与否，首先应考察预期的教学目标是否实现，并判定教学实际是否按照预定的教学计划逐步实施。通过对教学实施过程中的问题加以积极的纠正，对产生的有效经验进行及时的总结，教师可以获取直观的、印象深刻的实践智慧，有利于今后教学活动的有效开展。葛尼（Gurney，P.）提出了对营造有效且有价值的教学环境很有帮助的五大因素，其中之一便是要有“能够鼓励学生体验学习的评估活动”①。他认为，这种评估活动应该成为学习过程中的一部分，而不是仅发生在学习过程结束阶段。这能让学生意识到学习过程的价值，并能真正利用体验学习过程来获取更好的结果。这种体验学习是以学生的自我监控和同伴评估活动为主体的，让学生开展预测答案、相互质疑、阐明观点、总结以及合作推理等活动，以实现同伴辅导、合作学习、相互教学等策略。此外，另一因素是要有“可以建立课堂学习过程的有效反馈”。他认为，进行及时、恰当、有主题并且与学习有关的

① Philip Gurney. Five Factors for Effective Teaching [J]. New Zealand Journal of Teachers' Work, 20074 (2): 89－98.

反馈，是成为一名有效教师的基石。

可见，在评价课堂教学效果的过程中，十分强调教师与学生的相互反馈与评价，以此获取来源丰富的评价信息；倡导评价内容多元化，以此谋求学生在三维目标上的协调发展；关注评价的过程与结果，以得到更为全面科学的评价结论。有效教学评价的目的，并不是为了给教师的教学定一个等级，或为学生学习的优劣作一个判定，而是评价教师的教学活动是否有意义、是否有效、是否有更好的方法，其最终目的是促进学生的发展和教师的反思。

在常用的评价方法中，可供优先选择的策略是“学生成长记录袋”评价策略。“学生成长记录袋”体现了有效教学的理念，它提倡明确的教学预期、共同参与教学与评价的决策过程、自我反思以及相互合作。记录袋中的作品应该与教师最初设定的教学目标、预期产生的学习结果直接相关。通常准备三种类型的材料：目的陈述材料，即学生对于教师为成长记录袋提出的每一项具体目的所作的解释；反思性材料，即学生在回顾和组织自己的成长记录袋作品时所做的全面反思；文字说明材料，即对每项作品的文字性解释，来描述作品的内容是什么、为什么选择它。① 这种策略能为教师与学生就课堂学习情况提供一个随时沟通的机会，使教师能在一定的情境下合理评价学生的进步，促使学生主动参与、自我反思，并能帮助教师不断创新，获得更大的发展。

案例呈现：

六年级教师安琪在自己的科学课上采取了成长记录袋评价方法。她要求学生来创建一个成长记录袋，来证明自己实现了细胞与遗传学这一单元有关学习目标和目的。成长记录袋中可以收录作业、测验、方案、

---

① James Barton，Angelo Collins. 成长记录袋评价——教育工作者手册［M］. 国家基础教育课程改革“促进教师发展与学生成长的评价研究”项目组，译. 北京：中国轻工业出版社，2005：15－16.

新闻文摘、电视节目简介、报告、采访、艺术作品、原创或出版的诗歌故事、信件、盒式录像带或录音带，以及所能表明学生已经了解并掌握某一内容的任何作品。除了作品样本之外，学生的成长记录袋还应该包括：一张目录，用作成长记录袋的内容指南；若干粘贴便条，附在每一份作品上，解释为什么将其作为样本收入袋内；一份反思或总结，介绍个人对于细胞与遗传学这一单元学习的反应情况。①

点评：

学生通过制作成长记录袋，学会了对自己的学习行为负责，发展了理解能力和评价的能力；教师通过评价学生的成长记录袋，能够使教学目标更加明确，更有效地评价难以测量和量化的教学目标，同时获得了更多与学生交流互动的机会。

通过分析在教学准备、教学实施与管理以及评价与反馈三个课堂教学基本环节所必需的特征与属性，能够从理论上推断出一节课的好坏、初步判断课程教学活动是否得到了有效执行，有利于教师的自我反思和专业成长。美国学者哈特（Hunter，M.）提出的“用于实践的教学理论”（Instructional Theory into Practice，ITIP），作为一种有效教学实践操作模式，目前在美国各级各类教育中得到了广泛应用。它不仅可以帮助教师具体设计和计划课堂的教学过程，也可以用来作为衡量和评价成功教学的标准框架。通过解释和分析这一教学模式，可以帮助我们更好地理解和思考开展一节好课可能具备的基本特征。

哈特认为，决定，并且设计，这就是所有成功教学的基础。② ITIP模式由七个过程因素构成。

学习目标——教师应该明确预期目标与学生的表现标准。通过任务

---

① James Barton，Angelo Collins. 成长记录袋评价——教育工作者手册［M］. 国家基础教育课程改革“促进教师发展与学生成长的评价研究”项目组，译. 北京：中国轻工业出版社，2005：79－100。

② Madeline Hunter. Enhancing Teaching［M］. London：Prentice Hall，1994：87－95.

分析、诊断测验或利用布卢姆目标分类法，来选择和确定一个难度和复杂程度适中的学习目标。

预定的教学部分——旨在“抓住”并“关注”学生在课堂教学中的注意力。关注如何利用学习任务及其重要性，或者学习者已有的知识经验来开展动机教学。

向学生陈述课程目标——学生应该了解教师的期待。

输入——确定并教授主要概念和技能，强调清晰的解释，不断使用案例或者表格，并让学生积极参与。

检查理解——通过观察和解释学生的反应，包括主动性、是否厌倦等，以及持续即时的形成性评价，来对学生的理解进行检查。根据实际需要随时调整教学活动。

指导性实践任务——在教学之后，通过让学生回答问题、相互讨论、练习技能或者问题解决，来开展指导性的实践活动。根据实际需要随时调整教学活动。

布置独立的实践任务——通过布置独立的实践任务来巩固知识和技能。

教师根据 ITIP 模式设计出教学计划，在执行课程教学计划的同时，也需要对这些因素带来的结果进行专业的判断。需要指出的是，并非每节课都需要同时具备这七个因素，而应该考虑教学任务等多种条件来加以选择运用。当然，在课堂教学中仅体现一种因素，是无法确保其教学质量的。例如，在“预定的教学部分”中，教师或许会分散而不是集中学生的注意力，比如教师提出让学生回想一下自己最喜欢吃的食物等，这样带来的学习“输入”部分就是无效的。

这七个因素仅是让教师设计出具有创造性、有效课堂的指导框架，并非强制性的要求。但是，仅“懂得”七个基本因素还远不能确保教学设计和实施的有效性，同样，仅懂得“与孩子交往的诀窍”也是不行的。科学与艺术对于教学是同等重要的，两者共同促进了有效教学，组成了有效教学设计和艺术性开展教学活动的基础，从而有利于实现学生更好的学业成就发展。

第三节　好教师的要求体现有效教学实施的主体特征

“尽管有人天生就是教师，但通常认为有效教学是后天习得的能力而不是天生的。”[①] 美国技术与职业教育革新研究（Technical and Vocational Educational Initiative）指出，一个能够把自己的教学策略与所教主题恰当地融合的教师，其教学有效性最大。[②] 马尼（Moneys，S. M.）在1992年提出了优秀教师开展有效教学应该包括以下几项重要概念：有效地教授教材的知识；有效的师生沟通；良好的教材组织能力；有效激励学习动机的能力；和蔼可亲的态度以及良好的教室管理技巧。[③]

从上述论断中可以看出，“有效教学”研究隐含的假设之一是“教学的转型以教师角色的转变为前提”。也就是说，教师通过研究自己的课堂教学，从而促进自身的角色转型，这是实现“有效教学”的关键因素。教师是学生认知结构发展、精神意识提升的最直接、最重要的决定因素。因此，有效教学的问题，从根本上就是教师的问题，要确保课堂教学的有效性，就必须研究衡量教师是否能够胜任有效教学的基本标准。

国外对实施有效教学的教师标准研究有着较为丰富的成果。在20世纪“基于标准的教育改革运动”的推动下，美国出现了大量教师专业发展以及课堂教学有效性的标准研究。例如，教育多样化与卓越研究中心在界定了有效教学的五大策略之后，也对教师应该具备的基本素质

---

① World Health Organization，JHPIEGO. Effective Teaching：A Guide for Educating Healthcare Providers［M］. Geneva：World Health Organization，2005：1－6.

② 孙亚玲. 课堂教学有效性标准研究［M］. 北京：教育科学出版社，2008：48.

③ 林进材. 有效教学：理论与策略［M］. 台北：五南图书出版有限公司，2000：27.

提出了要求。这些要求包括教师对教材内容的理解和运用能力、引导学生自主学习的能力、用多元文化价值观理解学生的能力、运用和调整各种教学策略的能力、创设和管理开放的学习情境的能力、交流能力、制订教学计划的能力、评价能力、反思与专业发展的能力以及合作、道德规范和人际交往能力十一个方面。在20世纪90年代末，英国开始制定全国的教师专业标准（National Professional Standards），其目的是为英国通过培养更多的使教学有效的教师来造就更多的有效学校。这些标准对教师职前培训，教师职前英语、数学国家课程，以及教师取得资格地位的标准等方面提出了要求。此举旨在传递一种理念，即清晰表达的标准和能力要求，对提高教师课堂教学有效性是有益的，尤其能够极大促进教师教育和教师的专业发展。

在综合国外相关研究成果的基础上，本部分试图概括出教师实施有效课堂教学应该具备的几类基本特征，这也是新手教师在成长为有经验教师的专业发展过程中，必须提升的主要方面。

一、以全体学生为中心的教学设计理念

教学理念是教师对教学要追求什么样的理想目标和为什么要追求这样的理想目标的认识。教学理念是教学行为的基础。能够有效开展教学活动的教师，强调要把学生作为教学设计过程中首先考虑的因素。此外，还强调目标管理和过程评价，追求教学效益、效率和效果的最大化，促进学生的全面发展并适应外部世界的挑战，这是教师开展有效教学行为前应该具备的基本认识。

与其他教学理念不同的是，有效教学更加关注以全体学生为中心，即除了要以学生的发展为首要任务，还意味着教学要面向每一个学生，而不是一半或者大多数的学生，而且要让所有学生都投入到高质量的学校学习之中，否则教学的有效性就会大打折扣。有效的教师必须在坚持这一理念的基础上，认真考虑每位学生的认知发展水平，分析不同学生

个体在课堂教学中的反应能力和学习预期。

加利福尼亚州立大学“新世纪教师”计划（Teachers for a New Era，TNE）于2006年设计了以1～12年级有效教学为基础的教师教育模式。该计划认为，有效教学由“教师的信仰体系和倾向性、知识基础以及实践和技能”三部分组成。[①] 其中，“教师的信仰体系和倾向性”是教师在构建和发展教育教学理念时应遵循的原则。具体包括：第一，教师相信每位学生都能够学习，据此信念，才能创设让学生主动学习的最好环境；第二，所有的学生都有自己的优点和学习兴趣，有效的教师能从这些优点中建构教学环境；第三，强调学生不同的能力、文化、语言和认知技能，据此开展个别化的教学；第四，要以“全人”（whole pupil）的理念来设计教学计划，即要促进学生在认知、情感、社会交往以及身体素质等维度的发展；第五，重视学生的主动参与和相互交流影响，据此来促进学生的学习；第六，重视和承认学生已有的知识和文化社会经验，以此构建新的学习活动；第七，学生的学习受到文化、家庭和社会环境的影响，既可以是个体行为，也可以集体合作；第八，要对学生的学习进行有意义的评估，这包括形成性和总结性的评价，依赖于多样化的测量方法，例如非正式的观察等。

二、教师知识的持续更新

心理学研究认为，知识在专业工作绩效中起核心作用。知识的持续更新是成为一名合格教师的必备条件。因为，有效教学是一个教师不断自我反思、获得新经验的过程，教师只有持续更新知识，才能具备实施有效教学的基本条件。也就是说，有效教学之所以“有效”，在一定程度上就是教育学、心理学的普遍原理与具体学科教学实践相结合的结

① Teachers for a New Era. Effective Teaching [EB/OL]. [2011-11-02]. http://teachersforanewera.org.

果。[①] 正如哈特里（Haigh，N.）和卡特恩（Katterns，B.）所指出的，“有效的教师必须了解，在教学过程中并没有一种最佳的教学方法可以适用于每一个学生，因此要有效地控制整个教学的情境，教师必须随时自我进修和研究，提供学生最佳的学习内容和机会，以增加教学的有效性。”[②]

TNE 在所建构的“知识基础”部分中认为，有效教师需要具备三类知识，即学科专业知识、学科教育教学法知识以及政治/职业知识。这三种知识十分重要，应该成为教师思考教学过程、开展教学实践以及提高教学技能的组成部分。学科专业知识的繁复性和内容庞大性，决定了教师需要通过与同伴和导师的合作讨论来不断扩充，开放地思考和教授学科知识会带来新的解释。学科教育教学法知识也是动态的、变化的，能够在日益庞大的学科专业知识和教学环境的变化之间起到平衡作用，这一知识的发展要贯穿教师职业的始终。政治和职业知识是指影响教师教学活动的政治、社会以及文化理念，能够形成从事教师这一职业所具备的道德责任。也就是说，有效教师应该具备的三类知识是随着学科发展和学习者的需求而不断变化的，并且知识的积累也需要时间、经验以及持续不断的参与。

三、提升教学与管理能力

教师的教学与管理能力体现在为达成教学目标、在教学过程各个环节灵活采取教学策略、有效掌控教学进程的活动之中。这直接反映了教师是否具备实施有效教学的基本特征。其中，教学能力主要指言语表达能力和教学策略的选择、运用能力。而适当合理地选择和应用教学策略，能够使教学达到事半功倍的效果。管理能力主要指对教学活动的计划、检查、评价、反馈、控制和调节的能力。研究表明，在影响学生学

① 陈厚德. 基础教学新概念——有效教学［M］. 北京：教育科学出版社，2000：151.
② 林进材. 有效教学：理论与策略［M］. 台北：五南图书出版有限公司，2000：27.

习的28种变量中，课堂管理是作用最大的直接变量之一。[①] 因此，有效的课堂管理，直接决定着教学活动的顺利实施，决定着学生的学习收获。

路易斯安那州“有效教学构成框架”中，对教师的教学指导能力进行了详细的描述和界定。其中包括：教师有效开展教学的能力、适当呈现教学内容的能力、为学生创设主动参与学习环境的能力，以及评估和促进学生学业成就增长的能力。在有效开展教学的能力中，教师要能够使用可以实现教学目标的教学技巧，安排利于学生学习的教学顺序，使用恰当的教学材料来实现课程目标，适时调整课堂教学环节，并能将现代技术融进教学活动。在评估和促进学生学业成就增长的能力中，教师要持续监控学生的成绩表现，能够运用适当有效的评估技巧，对学生进行及时反馈，并且可以展示相关证据来证明，在自己的教学指导下学生学业成绩获得了提高。

四、发展实践智慧

国外研究者曾经作过粗略统计，一个教师一天之内在课堂上要作3000个重要决策，1000次甚至1500次与学生之间的互动。[②] 在如此复杂的教学活动之中，教师面对不同情境，需要迅速准确地作出判断、采取恰到好处的处理措施、创造性地进行教学。经过不断地反思与总结，这种在实践中积累起来的经验，就成为教师开展有效教学的实践智慧。发展教学实践智慧，是促进教师开展有效教学的必经之路，也是从新手教师成长为专业型、成熟型、经验型教师的重要标志。

“有效教学构成框架”制订了新手教师的专业发展计划，新手教师要能够在导师或校长的帮助下，识别出自己需要加强或改进的教学领域，提出改进计划并完成它；还要能够从各种资源（包括书本、专业

① 陈海蓉．课堂管理的有效性研究［D］．济南：山东师范大学教育学院，2007：4.
② 孙亚玲．课堂教学有效性标准研究［M］．北京：教育科学出版社，2008：5.

杂志、网站等）或者同事身上，发现新的理念和教学策略，并且加以运用。新教师在获得发展之后，仍然可以通过经验型教师专业发展计划，来提升有效教学的能力。该计划建议的活动包括：成为一名导师；设计开发课程；从事在职服务；设计教学材料；阅读专业书籍；进行相关研究；开展项目评价；参加处于当地政府监控之下的工作研讨会、专业组织、校本活动、同伴课堂观察活动以及家校组织等。

此外，有效教师还应该具备积极健康的人格特征和心理品质。研究表明，在教师的人格特征中，教师的热心和同情心以及教师富有激励和想象的倾向性这两个重要特征，对教学效果有显著影响。[①] 教师健康的心理品质，有利于良好师生关系的建立。师生关系是否融洽，直接关系到教师教学的积极性和学生学习的积极性，影响课堂气氛，进而影响教学效果。此类相关的心理品质还包括机智、幽默、思想开放等。

综述之，通过概述国外对有效教学研究的历史脉络，剖析有效教学课堂实施环节的特征和对教师的能力要求，能够帮助我们更好地理解国外各种有效教学研究与实践中所蕴涵的人文关怀：教师积极关注学生的人格特点、既有的学习基础、家庭背景、城乡差异等个性特征；师生之间的交流与互动得到加强，学生自主参与学习的机会大量增加，平等的合作和伙伴关系进一步发展，在共同建构课堂教学活动的同时，师生也得到共同发展。因此，与我国开展的有效教学实践活动相比，国外的有效教学实践尽管也追求教学效率、追求单位时间内的教学内容和效益最大化，但它更关注教学过程中教师和学生的生存状况，更关注人的潜能的全面发展和各种需求的实现。这也正是我国传统教育教学环节中极易忽视的价值取向，是在新课程教学改革需要加强的立足点。可以说，追求有效教学的过程，就是一个教师和学生因此而变得更加自主、自信的过程。基础教育新课程改革的核心是课程教学的改革，而课程教学改革的核心领域之一就是教师的专业发展。所以，关注教师教学的专业标准

① 皮连生．学与教的心理学［M］．上海：华东师范大学出版社，1997：9．

以及教师专业发展标准十分重要。英美等国在开展有效教学的实践中，非常重视“教师如何教”的标准制定，多从促进新手教师向经验型教师转变的角度，为处于不同发展阶段的教师提出了专业成长的指导框架。相比而言，尽管我国目前已经颁布了教师专业资格标准，但尚未对教学活动和专业发展作出更具指导性的规定，这种现状与基础教育课程改革的需求尚有差距，需要我们共同努力。

4

探究式教学理论

探究式教学理论始于20世纪初，到20世纪中期达到高潮，对世界各国课程改革包括对我国的课程教学理论与实践，产生了重要影响。进入20世纪80年代，为了适应知识经济发展时代的需要，各国都普遍重视对学生创新能力的培养，纷纷以不同的方式开展和促进探究教学和探究学习，如美国的“基于问题的学习”、法国的“动手做”和日本的“综合学习”等。本章着重对以上几个国家在探究式教学理论方面的探索进行分析。

第一节　基于情境的主动探究

基于情境的主动探究是探究式教学的实质。本节侧重对探究式教学形成与发展、内涵与特征的分析。

一、探究式教学的形成与发展

探究式教学作为一种教学理论，由来已久。它的思想渊源可以追溯至古希腊哲学家苏格拉底（Socrates）的“问答式教学法”和我国孔子的“启发式教学”，而法国的启蒙思想家卢梭（Jean-Jacques Rousseau）提出的“人与生俱来就有探究的欲望”的观点，为探究式教学的研究奠定了思想基础。

真正对探究式教学进行系统探讨，则始于20世纪初。杜威、克伯屈（Kilpatrick，W.）等进步主义者通过采用实用主义课程和倡导“学生中心，从做中学”理念，力图培养适应社会发展需要的人才。杜威提出并实践“做中学”，认为个体要获得真知，就必须在活动中主动体检、尝试和改造。他的“做”并不是单纯意义的动手，还特别强调动脑、反省思维，强调主体对与外部相互作用上的反思。可见，杜威认为“做”实际上就是探究，做中学就是在探究的基础上自主建构知识。同时，他还强调要用探究的方法学习科学，尤其是他的问题五步法操作程序，对探究式教学的形成与发展起了重要的推动作用。

20世纪50年代末、60年代初，著名的认知心理学家布鲁纳倡导的“发现学习”，与探究式教学有许多相似之处，可认为是探究式教学的雏形。在他看来，发现学习不是单纯地获得知识，而是教师提出有关问题，引导学生学习、搜集有关资料，通过积极思考、自己体会去认知事物、得出结论或规律性知识，是一种以培养学生独立思考、发展探究性思维为目标，以基本材料为内容，使学生通过再发现的步骤来进行学习的教学方法。

明确把“探究教学”作为一种重要教学理论来看待的，则是来自美国芝加哥大学教授施瓦布（Schwab，J. J.）。1961 年，他在哈佛大学的一次演讲会上，作了题为《作为探究的科学教学》的报告，明确提出科学教学的方法——探究式教学。他认为传统的课程对科学进行了静态的、结论式的描述，这恰恰掩盖了科学知识是试探性的、不断发展的真相，极力主张要积极地引导学生向科学家那样对世界进行探究。他认为探究学习是学生在对客观事物进行探究的过程中，通过自身积极主动的思维活动，发展他们的探究意识和探究能力，从而形成一定的科学概念。这是他们进一步发展自己的前提。他主张打破过去先讲解，再进行实验的做法，主张把实验放在前，让学生自主探究；把学习生物学的内容与学生的探究能力相结合。施瓦布强调，一方面，作为探究的科学本质如果不被人们接纳，任何科学的发展和人类的前进都是不可能实现的；另一方面，教学作为教育的基本途径，也是一种探究的过程。施瓦布还建议科学教师在科学探究中可考虑以下三种教学方案：一是提供问题和探究问题的方法，允许学生通过探究发现未知的关系；二是教师来设计问题，方法和答案由学生独立决定；三是学生面对现象，自主提问，搜集证据，并基于自己的探究，给出科学解释的可行建议。①

此外，他还提出了对“探究的探究”，即由教师提供关于科学探究的材料和报告，学生对探究材料或报告进行分析和探讨。学生们讨论材料或报告中所展示的研究细节：问题、数据、技术的作用、数据的解释和研究者的结论。② 通过对探究的探究，学生们掌握了科学知识是如何被建构的，从中更加深刻地理解了科学的本质。施瓦布的研究不仅深化

---

① Schwab J J. The Teaching of Science as Enquiry：In The Teaching of Science［M］. Cambridge：Harvard Unversity Press，1962：15.

② 任长松．探究式学习——学生知识的自主建构［M］．北京：教育科学出版社，2005：63.

了探究学习这一领域的理论研究，更提供了具有操作性的实践模式。

进入 20 世纪 80 年代，法国、日本等国也纷纷开展和促进探究教学与探究学习。

1996 年 9 月，法国组织召开了题为“改善对学生的培养方式，从幼儿园起进行自然科学教育”的会议，并编写了《动手做——法国小学科学教育实验计划》一书。“动手做”是法国小学教育中的一项实验活动，是加强科学知识教育的一项革新措施。该活动鼓励教师去引导学生进行实践、观察、发问和说理，发现世界的美丽，发现自身的聪明才智。进入 21 世纪，法国以“动手做”为主题的科学教育在所有小学蓬勃发展，这不仅在法国产生了重大的社会影响，而且也形成了自己的特色。

为顺应时代的要求及日本社会实际状况改革的需要，1996 年 7 月，日本中央教育审议会在展望“21 世纪我国的教育的理想目标”的答辩中，明确提出了新世纪教育改革的方向，强调“在宽松”的环境中培养“生存力”，即“今后的儿童需要的是无论社会如何变化，都能自己发现课题，自主地判断、行动，更好地解决问题的素质及能力等”。在这一教育方针的指导下，从 1997 年起，日本开始制订《教育改革计划》，以后每年都根据各方面的意见进行修订，逐渐形成了面向 21 世纪的日本教育改革总体目标。日本中小学教育改革的重点是“生存能力”的培养，为此在 2002 年开始实施的《学习指导要领》中，首次明确规定学校完全实行五日授课制，提出消减学科内容，导入“综合学习时间”等改革措施。重点增加了学科外的时间，更利于学生体验自然、体验社会等探究活动的开展。

经过近百年，尤其是近半个世纪以来的不懈探索，探究式教学已经被各国教育各国教育广泛接纳，并在教学过程中日益深入发展与应用。

二、探究式教学的内涵与特征

探究式教学主张在教学中创设一种类似于学术（或科学）研究的

情境，通过学生自主、独立地发现问题、实验、操作、调查、信息收集与处理、表达与交流等探索活动，获得知识、技能、情感与态度的发展。

（一）探究式教学的内涵

让我们先看一个故事——著名物理学家理查德·费思曼回忆他的父亲所讲的一个故事：

一个夏天，在纽约的卡茨基尔山上，费思曼当时还是一个孩子。有一次，另一男孩说："看那只鸟，知道是什么鸟吗？"费思曼说不知道。男孩得意地叫出了鸟的名字，并嘲笑说："你父亲什么也没教你！"

然而，费思曼的父亲却用自己的方式教给了他有关鸟的知识。

"看到那只鸟了吗？它是一只斯宾塞的鸣鸟。"（他父亲并不知其真名）"你可以知道这种鸟在世界上各种语言中的称呼，但除此之外，你对有关它的事情一无所知，只不过知道不同地方的人们怎么称呼这种鸟罢了。因此，让我们来观察这只鸟，看它在干什么，那才是要紧的。"①

读了这个故事，不难看出，获取知识很重要，而掌握知识的途径和方法、对问题的探究则更为关键。

探究式教学的重心在于学生方面，探究主体是学生，教只是服务于学，而非学服从于教，因此，我们把探究学习作为教学的出发点。要说明探究式教学的含义，就要先弄清什么是探究。

"探究（inquiry）"一词，按照《牛津英语词典》中的解释，是"求索知识或信息特别是求真的活动；是搜寻、研究、调查、检验的活动；是提问和质疑的活动"。美国学者韦尔奇（Welch，W.）认为："探究是人类寻求信息和理解的一般过程。从广义上讲，探究是一种思

① 唐晓春，等. 探究教学的思考与实践［M］. 杭州：浙江科学技术出版社，2003：24.

维方式。”美国《国家科学教育标准》中指出，探究是“科学家们用以研究自然界并基于此种研究获得的证据，提出种种解释的多种不同途径”，“也指学生们用以获取知识，领悟科学的思想观念、领悟科学家们研究自然界所用方法而进行的各种活动。”① 从上述定义可以看出，探究是一种过程，是解决科学问题的一种思维方式，也包括多种活动。

了解了探究的含义，探究式教学的含义就好理解了。施瓦布认为，在教学过程中学生学习的过程与科学家研究的过程在本质上是一致的，因此，学生应该像科学家一样，以主人的身份去发现问题，解决问题，并且在探究的过程中获取知识，发展技能，培养创造能力，同时受到科学方法、精神、价值观的教育，并发展自己的个性。

因此，可以说探究式教学的实质，是将科学领域的探究引入课堂，使学生通过类似科学家的探究过程理解科学概念和科学探究的本质，以培养科学探究能力和科学精神的一种教学活动。

（二）探究式教学的基本特征

通过对探究式教学内涵的理解，可以说，开展探究式教学就是要为学生创造探究学习的条件，使他们在主动参与获得知识的过程中，培养其探究未知世界的科学精神和科学态度。探究式教学具有以下特征。

1. 学生中心

探究式教学的方式与接受式教学的方式不同，它要求教师把科学当做一种过程来教，既要重视结果又要重视知识的获得过程。它强调在教师的引导下，学生运用探究的方式进行自主的学习，主动获取知识、发展能力、培养科学精神。那么，学生则必须全身心投入探究学习，使其认知、情感、意志及行为达到高度统一的状态。而教学要想引起学生的这种投入状态，教学过程就必须以学生而不是教师为中心，并使学生对

---

① 国家研究理事会．国家科学教育标准［M］．戢守志，等，译．北京：科学技术文献出版社，1999：30．

观察、提问、分类、测量、实验等活动既感兴趣，又力所能及。

2. 注重培养学生的演绎思维

让我们看一下以下的案例。

史密斯是一个生物老师，他在进行关于动物与其天敌的相互关系的自然平衡这一单元的教学时，以下面的情景作为教学活动的开始。

许多年前，在西南部的山里有很多鹿，它们的数量一直变化不大。山里还有狼。从城镇来的某些人曾目睹狼咬倒了鹿群里的两只小鹿，非常震惊，结果人们发动了一场灭狼运动。使人们惊奇的是，在灭狼后的几年里，鹿的数量反而明显地减少了。既然狼是鹿的天敌，为什么会发生这种情况呢？（史密斯老师用讲故事的方式提出问题，很好地激发了学生探究的动机。他用学生比较熟知的狼和鹿作为一般问题的实例，不仅缩小了探究的范围，而且便于学生寻找着眼点，收集资料。）

然后，他继续说："我们能否用一些资料来回答这个问题呢？"于是，进行了下面的对话。（这并非史密斯给学生上的第一次探究课，否则，应提出收集资料的方法以及对所提问题的一些要求。）

史蒂文首先问："看见其他动物在杀鹿吗？"

史密斯老师回答："是的，他们看见过，史蒂文。"

史蒂文继续问："不同的动物吗？"

史密斯回答："是的。"

帕姆大声说："我有一个想法！"

史密斯笑着说："很好，帕姆，不过等史蒂文讲完再说。"

（史密斯老师坚持一个原则：提问一个学生时，就让他尽情地把所有问题问完，以便使他可以获得一个完整的思路，也尽量使他提出的问题少一些遗漏。对于比较冒失的帕姆，史密斯做得也很好，他并没有责怪，反而对他勇于探索的精神给予鼓励和赞扬。）

史蒂文继续说："动物与其天敌的平衡与这个问题有关吗？"

史密斯问:“你能用一些资料证明这些看法吗?”(史蒂文的提问已经违背了规则,因为他的问题并不能直接观察得到。但是史密斯老师并未简单粗暴地打断他的提问,而是鼓励他重新组织问题,以免伤害他进行探究的信心。这一点在探究训练的整个过程中都是十分重要的。)

史蒂文不肯定地说:“我有一个想法。”

他继续说:“在狼被消灭之后,其他的食肉动物如美洲野猫、郊狼、猛禽如鹰,他们就能更有效地捕杀鹿,所以鹿的数目下降了。”(史蒂文是先收集资料,然后才提出自己的假设,显然他的假设所取得的资料并不充分,无法由资料得到验证,这个假设自然需要修改。)

史蒂文看来是说完了。停了一下,史密斯转向帕姆。

帕姆发言:“吉姆和我有另一个想法。”

史密斯赞扬说:“很好,说吧。”(对于学生提出的不同见解,教师如能进行赞许,可以激励学生进一步的思考,增加他们成功的信念。)

帕姆说:“在鹿的天敌被消灭后,鹿的数量增加了,以后,那个地区的食物不能供养它们,所以它们很快会饿死,它们的数量就下降了。”

“好!”史密斯说:“我们能用一些资料来证实这些现实吗?”(对学生的观点进行肯定或否定,往往会削弱学生的探究活动,因此,除了对于一些初次尝试这种模式或者年纪较小的学生之外,教师一般不应直接评价。史密斯这里的做法虽然也鼓励了学生进一步探究的热望,但也在某些程度上暗示学生,不利于学生培养独立探究的精神。)

……

然后,史密斯提议:“让我们看看你们提出的假设,看看它们是否与资料一致。”

(学生在提出假设后,开始以提问的方式收集资料。从学生的提问可以看出他们基本上是依照证明假设的需要进行的,中间也有一些学生的思路并不十分清晰。但无论对哪种情况,教师都要认真听取。在学生取得了相当多的证据后,教师作为探究活动的指导者、监督者,应及时提醒他们注意建立起假设和证据间的联系。这样一是可以把学生的注意力集中在证明假设上，提问具有一定的目的性、逻辑性。二是让学生及时由收集资料过渡到得出结论阶段，合理地利用教学时间。)

琼妮主动地说："我认为可以取消第一个假设。"

史密斯问："为什么呢?"

"因为这个假设假定其他肉食动物是鹿的数量下降的原因，但是我们发现美洲野猫的数量并没有增加，只是由于禁止杀鹰，鹰的数量才有所增加。"

史密斯笑着说："很好，琼妮。"

比尔激动地举起手来："我认为我们需要把第二个假设改一下。"

……

(琼和比尔一个取消了假设，一个修改了原有的假设。无论怎样，一定让学生建立起证据之间的因果关系，从而很好地利用资料证实假设。在这里，史密斯老师积极引导学生对假设和证据进行深入思考，对于培养学生对事物内在原因的分析和概括是很有助益的。)

全班学生都感到满意，因为他们的假设被这些资料证明了。①

从以上案例我们可以看出，在探究过程中为寻求对问题的解答，学生必须继续深入系统地观察、交流、进行一些简单的测量从而获得一些事实性信息，在已有经验和想象的基础上进行初步的信息处理，初中学生的演绎推理能力虽然处于发展阶段，但是他们能够提出一些简单的假设，以合作和单独的方式亲自去验证自己的假设；计划检验假设的步骤；明确调查或实验必需的材料；寻找、收集这些材料；按计划实施实验或调查等。如果假设得到验证，要求学生进一步作出解释或预测。当假设得不到实验和调查研究的证实时，学生将面对一种认知冲突或认知失衡，这引起学生的反思并提出相应的问题，鼓励学生继续去探究、去

① 靳玉乐. 探究教学论［M］. 重庆：西南师范大学出版社，2001：127－131.

思考，直到冲突解除，认知达到平衡。这些过程势必会让学生的演绎思维得到促进和发展。

3. 注重合作讨论式学习

探究式学习提倡全体学生积极参与，以提高学生的创新意识和能力。由于探究式教学是围绕问题的解决活动来开展的，而这些问题往往是综合性的复杂问题，学生需要依靠集体的力量来分工合作，如分组制订工作计划、分组实验和调查，并综合意见等合作讨论式学习。由于已有经验和文化背景的差异，学生对问题的认知和理解也不尽相同。在合作学习过程中，教师要善于诱导，如："对他的回答满意吗？你有何见解？""他说的是否正确？为什么？"等，引导学生积极地思考。通过合作讨论式学习，可以使学生看到问题的不同侧面，对自己和他人的观点有所反思和判断，从而构建起新的知识结构，也增强了团队精神和协作意识。

4. 激发学生的学习兴趣

一位老师在"为什么在山上食物很难被煮熟"的教学中，设计了这样一个问题："两个男孩在不同的地区宿营，准备他们的晚饭。吉米点燃了火，把肉和菜混在一起，放在火上煮。汤米也一样。不一会儿，吉米尝了一下煮的东西，发现已经好了。汤米也尝了一下自己煮的东西，发现连土豆和胡萝卜都没熟，这是为什么呢？"在这个过程中，强烈的矛盾激发了学生的学习兴趣，从而促使学生去探究问题的结论。

采用探究式教学方式，更容易激发学生的学习兴趣。探究式教学不是先告诉学生结论，再演示实验或学生通过实验进行验证，而是让学生围绕感兴趣的问题，通过各种诸如观察、调查、制作等方式，自己去寻找结论，使他们在这个探寻的过程中获得新知，并培养科学探究能力。当然，学生在这个过程中也能感受到学习的乐趣所在。

5. 重视形成性评价和学生自我评价

探究式教学不仅将科学当做结果的知识来教，更是作为一种过程来教，肯定学生学习是一种建构独特意义的过程。因此，对这一过程的评价，单靠终结性评价难以奏效。探究教学在重视并改进终结性评价的同时，更重视形成性评价，如学生每天撰写的报告、绘制的图表、制作的模型等，通过这些可以了解学生对知识的理解深度和广度，以及对科学推理的能力状况。除此之外，探究式教学还积极地发动学生对自己和他人的探究活动作出评价，如以写实验报告或调查报告的方式进行自我评价，或采取小组自评、互评的方式进行团体评价。这样不仅有利于学习的创造性、独立性和自主性的增长，还有助于提高学习效率、达到学习目标。

第二节　基于问题的学习

基于问题的学习（Problem-based Learning，PBL）是一种基于建构主义教学观，以问题为基础、以学生为中心的教学方法。基于问题的学习，集中体现了探究式教学的核心精神。它将学生置身于一个映射真实情境的结构不良问题之中，以积极的问题解决者的身份解决问题，从而培养学生的批判性思维和问题解决能力，同时使学生掌握课程要求的基础知识和基本技能。

一、基于问题的学习的起源

基于问题的学习，始于20世纪五六十年代加拿大的麦克马斯特大学医学院。当时，医学院的教师和学生对传统的讲授式教学开始感到厌倦，因为通过讲授式教学获得的知识太少，并且很难将学到的知识应用到实际生活中去，学习效果不尽如人意，人们开始挑战现存的临床经验。出于对医学教育现状的不满，该学院的巴罗斯（Barrows）等针对医学教育的特点对其进行了最早的研究，发现实际应用中的医学，都是一个个具体的活生生的案例，而不存在一种固定的理论和知识能医治百病，以往以课程为中心教育出来的学生并不能很好地迁移知识，解决实际中的病例，这与医学教育的初衷背道而驰。于是，由巴罗斯发起的用基于真实临床案例的问题作为学习的焦点，将以教师为中心的医学课程转化为以学生为中心的跨学科学习模式便发展起来。①

二、基于问题式学习的含义

基于问题的学习就是让学生在实际问题情境中学习，让他们把所学的知识和实际生活联系起来，以此培养他们学习的兴趣和主动性，同时，也让他们建构自己的知识框架。另外，在 PBL 学习中，学生还能学到一些为人处世的道理。学生一直为解决问题而努力，他们不断思考、分析，力求发现问题的关键所在，不断加深对问题的理解，努力寻找多种解决方法。通过这样的学习，最后成为一个自我指导、会学习的学生。在解决问题的过程中，教师是学生的同伴，和学生一起解决问题，并适当地从认知上给学生以指导。②

有这样一个基于问题的学习案例：

“老师带领一组学生去一个森林保护区参加夏令营活动。去之前老师就告诉他们到了那儿，首先要搭建一座他们居住的房子，并告诉他们要带什么、怎么搭、该选择什么样的地方搭建。到了地点，老师带领他

---

① 王永花. 基于问题的学习——让学习变得轻松而有趣［J］. 网络科技时代，2007（5）：82.

② Linda Torp，Sara Saga. 基于问题的学习——让学习变得轻松而有趣［M］. 刘孝群，李小平，译. 北京：中国轻工业出版社，2004：21－22.

们一起搭建。又到了一年的夏令营，老师带同一组学生去夏令营，只是去的地方不同。这次，老师把搭建房子的任务完全交给了学生，什么提示也没有。面对这样的问题情境，学生便自己想办法了。他们首先研究了当地人的住房、当地的气候、地形条件，然后兼顾自己的居住习惯，最后，他们为自己搭好了满意的房子。后来，他们自己总结说，这次不仅搭好了房子，还学到了许多知识，在其他方面也得到了锻炼，而且比上次更有趣。”

在这个案例中，如果教师事先把问题告诉了学生，那么学生就会按部就班地为了解决这些问题而解决问题，不仅不会体会到学习的真正乐趣，更谈不上培养他们动手和动脑、综合思维的能力。基于问题的学习就是让学生围绕解决一些结构不良的、真实的问题而进行的一种有针对性的、实践性的学习，它包括两个基本过程，即课程组织和策略指导。基于问题的学习有以下三个主要特征。

- 使学生成为问题情境中的角色。
- 教师围绕一个完整的问题设计安排课程，鼓励学生去学与问题相关的知识，然后解决问题。
- 教师创造一种学习环境，激发学生思考，鼓励学生提问，不断引导学生深入地理解问题。

三、基于问题的学习的教学价值

追溯人类文明的发展史——我们的祖先在与自然界抗争的过程中，遇到了各种各样的难题，但为了生存，他们通过集体智慧和艰辛努力将其克服，结果不仅赢得了新的生存，还积累了新的知识和经验。在他们生存的历程中，无形之中形成了一种自然的学习法则：遭遇问题—解决问题—获得新的经验和能力，就这样一代代传承、积累，便形成了人类文明。所以，基于问题学习的思想是源远流长的，基于问题的学习是人类最原始也是最自然的一种学习方法。[1]

在全球化的背景下，科技高速发展、知识呈爆炸式增长，新的知识不断取代旧的知识，使得接受式教学根本无法满足生活的需要，基于问题的学习再次得到发展，因为它的教育目标非常符合信息时代对人才能力的新要求。基于问题的学习作为一种新的教学模式，强调把学习设置于复杂的、混乱的、结构不良的情境中，并让学生成为这种情境的主人，让学生自己去分析问题、学习解决该问题所需的知识，一步步地解决问题。教师把实际生活中的问题作为教学素材，采取提问的形式，激发学生去探索、解决问题。也就是说，通过让学习者解决真实性问题，旨在使学习者建构起宽广而灵活的知识基础；培养有效的问题解决技能；发展自主学习和终生学习的技能；成为有效的合作者；培养学习的内部动机。所以，基于问题式学习是社会的要求，是时代的产物。

首先，基于问题的学习起点和中心，是一个真实情境中的结构不良性问题。真实情境，就是在生活中会遇到，或与学生的经验、兴趣相关的问题；结构不良性问题，是指在杂乱、复杂的情境中，没有足够的现成信息或信息不明确，或解决途径和解决方案不唯一的开放性问题。所以，需要学生自己去查询、收集和思考。当所有信息收集完备后，学生开始设计解决此问题的方案。也就是说，结构不良问题促使学生去分析已知、寻求解决问题必需的未知。学生以这样的问题为中心进行学习，不仅可以大大提高学生的学习兴趣，使其积极地投入到学习中去，而且加大了学生学习的弹性，给学生自由的思考和探索的空间，最重要的是有利于所学知识在现实生活中的迁移。正如马修·李普曼（Lipman，M.）所说："如果学生发现所学的东西都是完美无缺、符合逻辑的，他们就会对这些研究失去兴趣。反之，如果学生发现提供给他们的学习材

---

① 王永花．基于问题的学习——让学习变得轻松而有趣［J］．网络科技时代，2007（5）：82.

料是片面、零碎、残缺的，他们就会想尽办法去解决、征服它们。”①

其次，基于问题的学习能够实现学科整合，削弱传统学科课程体系的封闭性和局限性。现实生活中任何一个问题的解决都需要依靠多个学科或领域的知识和技能。在基于问题的学习模式下，教师和学生围绕具体问题，整合并利用多个学科的概念和技能对其加以解决。在此过程中，学习者将各种学科知识自然融合，在知识和生活之间建立联系，将知识和技能用于实际。②

再次，基于问题的学习模式使教师成为学生学习的促进者、指导者和反思者。在基于问题的学习中，教师作为促进者和指导者，不是在课堂上唱“独角戏”，将知识的结果直接告诉学生，而是由学生对解决实际问题时遇到的真实问题进行分析，提出解决方案，并在课堂中实施解决方案，教师只担任指导的角色。在此过程中，教师由“幕前”转向“幕后”，学生由“被动”变为“主动”，成为课堂的主体。同时，教师也是课后的反思者。一方面要对学生的结果进行评价反馈，评价学生的表现；另一方面，反思整个设计方案中不完善之处，并加以修改。教师的这种角色定位，使教师对其教学内容设计、实施效果等有所认识，从而有助于在今后教学中加以改进。所以，在基于问题的学习过程中，学生置身于问题情境中，主动参与选择学习内容，设计学习活动，真正实现其主体地位。而以问题为本的学习中教师角色的变换，正符合教师专业化进程中对教师的要求，也促进了教师的专业化成长。

四、基于问题的学习的课堂教学模式

基于问题的学习的教学过程，一般由教师依据教学目标，教学要求

① Matthew Lipman. Thinking in Education [M]. New York: Cambridge University Press, 2003: 68.

② 王永花. 基于问题的学习——让学习变得轻松而有趣 [J]. 网络科技时代, 2007 (5): 83.

或者学生的学习情况设计问题，由此让学生投入到问题情境中去，让学生以小组为单位，讨论解决这个问题；为了解决问题，学生往往需要获得一些必要的专业知识，即所谓的学习议题，学生分头查找资料以获取知识，然后相互交流所获得的知识，并讨论如何用所获得的知识来促进问题的解决；然后，通过小组交流并讨论问题解答，直到问题得到解决；问题解决后，学生们还需要对自己的学习过程进行自我反思和评价，总结所获得的知识和思维技能。在这个过程中，教师作为学习的促进者发挥着关键作用，如教师设置有趣的问题意境，激发学生的学习兴趣；在引导小组活动的过程中，对学生的推理过程进行提问和启发，帮助学生在问题讨论中协调、整合基本知识与实际技能等。

1. 创设情境，提出问题

先看一个案例。

物理教师在有关“力的概念”一课上，决定先倾听学生的观点。他说：

“这个单元我们将要解释一些日常生活中常常遇到的非常普通的事情。你们会发现你们已经有许多好的观点，能够理解这些事情。你们会发现，你们的一些观点与科学家们的观点常常很相似，但有时也会很不相同。这一单元结束时，我希望你们对科学家们如何解释这些事情有一个更加清楚的认识，同时，我想你们也会调整和完善自己的解释并对自己的新解释感到更为满意。今天，我们要探讨一个关键问题是力。你们认为力是什么？”

接下来，很多观点在随后的课堂讨论中涌现出来，从典型的“推”或“拉”到很多复杂的术语的描述，如能量与动量等。在有些问题上，教师引导学生讨论具体的情境或例子；他把一块石子抛向空中，问学生怎么用自己理解的力的概念来解释这一现象——他要求学生独立地形成自己的想法，以图示的方式用箭头表示石子所受的主要的力（包括方向和大小)，用不同的符号标志每一种力的原因。

接下来讨论的时间较长，学生们把他们的观点说出来，这些观点中包含一些与力不相关的观点或是虚构的力。教师以提问的方式要求学生澄清自己的观点，如“你是怎么知道的”、“你为什么这样认为”。

用这种方法，教师能够辨别出影响学生概念理解的许多错误观念。比如，有的学生认为只有施动者（如人）才能产生作用力，而受动者（如桌子）是不能产生作用力的。同时，教师通过提问式的引导，帮助学生使他们的推理更有意义，精炼学生的理解，逐步接近更科学一些的解释。①

因此，教师要通过创设意境、提问、分析学生活动等方法，发现和理解学生所面临的问题，了解学生知道什么、关心什么、能做什么、想做什么，并在此基础上，讨论他们的错误概念，给他们创造一定的情境，激起认知冲突，从而促进他们不断思考，重新调整和不断完善自己的看法。

问题是基于问题式学习的核心，问题的好坏直接关系到课堂教学的成败，因此，必须精心设计和安排问题。好的问题要符合如下要求：①结构不良性。一般情况下，结构不良问题的问题条件和解决问题的需要并不匹配，具有较复杂的特征，学生可以依据问题所依存的情境，对其中一些元素提出自己的界定或定义，不仅具有较强的解决问题的动机，而且，对问题的理解和解决的方案都更具开放性。②情境化。问题能够尽可能地联系生活实际，这样就可以激发学生的学习兴趣。③合适性。问题的提出应该处于学生的“最近发展区”，使得学生能够“跳一跳摘到果子”，这样的问题既不会因为太简单而不感兴趣，也不会因为太难而失去继续研究下去的信心。

① 约翰 D. 布兰恩福特，等. 人是如何学习的［M］. 程可拉，等，译. 上海：华东师范大学出版社，2002：20.

2. 分析问题，提出假设

分析问题在整个问题解决的过程中起到了重要的作用。要引导学生在给定的问题中找出问题解决的方向，提出假设、验证假设、判断假设的合理性与正确性，以此帮助学生提高分析问题、解决问题的能力。这一个环节可以根据问题的实际情况，确定在课堂里完成还是放在课外完成。若这个问题本身容量不是很大，学生只需要经过较短时间的讨论和研究就可以得到结果的，就可以放在课内解决，或者这个问题本身知识的跨度比较大，学生难以在几步的研究后得到的，也可以放在课内分成几个有层次的小问题逐一研究解决。

3. 讨论交流，解决问题

在讨论与问题相关的资料和信息时，学生们经常需要合作。每个学生都是问题解决小组的成员，并且提供独特的见解。小组成员，利用收集到的各种信息，探索问题的复杂性。在问题解决阶段，以小组形式产生几种可供选择的方案。

解决问题并不是唯一的目的，它只是一个过程，学生将通过问题的解决获得新的知识，同时也更进一步地学会该如何来学会分析问题和解决问题，此时教师需要做好学习的引导者，进一步促进学生进行探究和思考，发现学生在解决问题时的困难和障碍，并及时引导、分析、建议和帮助，并在交流时比较各人和各小组的探究和思维过程的优缺点，使学生的思维更趋合理和严密。

4. 反思评价，达成共识

在问题解决之中进行的反思，要有意识地培养学生对他们要解决问题的知识和方法进行反思和归纳。引导他们思考现在的问题与以前解决的问题之间是否有联系，这个问题与其他的问题有什么相似和不同之处，采用的方法是否恰当，有没有更好的方法，大家公认的是哪一种方法，需不需要改进等。这种反思有助于他们概括并懂得什么时候可以应用这种新知识和方法，使学校教育与社会需要的差距缩小，使学生灵活掌握知识，实现有意义的学习。更重要的是通过评价自己的成果，反思自我引导学习和合作解决问题的有效性，有利于发展学生高层次思维能力。

5. 归纳总结，拓展创新

得出结论并不是问题的结局，这个时候还需要让学生运用所学的知识和结论去联系实际，从而把这个问题推广到一个新的高度。例如，鼓励学生去思考：这个结果还能延伸拓展吗？我能在其他问题上运用这个结果或方法吗？还有其他的结论吗？等等。从而提高学生解决问题和分析问题的能力，激发学生的兴趣，有助于后续学习。

第三节 “动手做”和“综合学习”

法国的“动手做”和日本的“综合学习”都注重培养学生的动手操作、探究问题、解决问题的能力，本节对此作简要介绍。

一、法国的“动手做”

由法国物理学家、诺贝尔奖获得者乔治·夏尔帕（Charpak，G.）通过考察美国“动手做”，而倡导的“动手做”科学教育计划，在法国已形成了自己的特色。

（一）“动手做”计划的特点

法国的“动手做”计划有如下特点：从小培养孩子对事实和经验的高度尊重；重视每一个孩子对事物的解释；孩子是科学探究的主体；

广泛而有效的支持系统。

1. 从小培养孩子对事实和经验的高度尊重

法国的科学教育就是要培养孩子尊重事实和证据，从小养成动手的习惯。例如，他们常常说“从经验中获得知识”、“实验是第一位的，照片、资料是第二位的”、“重要的是让他们去做”、“要通过实验来解决问题”、“要诚实地呈报结果”、“要让每一个孩子知道所发生的现象”等。法国科学教育将实验、事实、证据放在基础教育的重要位置上。

2. 重视每一个孩子对事物的解释

特别关注孩子们的想法，这是法国科学教育的又一特点。教师常常这样问孩子：“关于……你是如何感受的?”、“你是怎么想的?”、“你能做什么?”等，哪怕是3岁的幼儿，教师也会十分认真地与之交谈，倾听他的发言和他对问题的看法。由于长期坚持这样做，即使是幼儿园中很小的孩子也都能积极地、认真地参加讨论并发表自己的见解。为此，一位法国幼儿园园长曾说：“我们这么做，不是为了培养诺贝尔奖获得者，而是为了开辟孩子们良好的思考道路。”从小注意孩子对事物的独立看法，进行有根据、有条理的思考，是法国科学教育追求的目标之一。

3. 孩子是科学探究的主体

在“动手做”的理念中，科学教育就是儿童亲历对自然现象的观察和科学发现的过程：提出问题；设计实验；动手做实验；观察记录；解释讨论；表达陈述。“动手做”强调孩子是科学探究的主体，在科学学习中，依靠自己的努力而不是他人的努力去完成任务。孩子的想法是无止境的，有丰富的想象力和创造力，让他们有时间去试验自己的想法，去安排科学设备做实验，去野外作考察，或者去思考总结个人经验，有助于营造“人人参与，个个主动”的探究氛围，使其更能津津乐道于“科学探究”，从而真正成为学习的主人。

4. 广泛而有效的支持系统

科学家的直接参与。法国的科学家既是“动手做”项目的倡导者、组织者，又是科学知识和信息的提供者。他们的直接参与和主力作用的发挥，不仅满足了教师培训信息和资源的需求，还能在教学遇到困境时，为教师提供咨询甚至是亲自走入课堂与教师和学生面对面交流解疑。他们大约每星期有一小时深入到孩子们的课堂，运用自己的知识和条件，为教师提供科学知识、科学实验、材料等方面的帮助，起到了保驾护航的作用。

教学资源中心以及地方教育培训中心的有效支持。在法国每一个省市都有自己的教师培训与资源中心。培训者本身就是科学家，他们熟知儿童是如何学习科学的，教师如何促进儿童的学习。他们不仅积极地参与到幼儿园、小学的科学教育改革之中，而且常到课堂上去指导教师的科学教学。教师培训中心设立的资源中心，随时为教师的教学提供支持与服务，既有物质材料的服务，又有信息方面的服务，图书、网络、教学实验器材方便教师使用。

信息支持与快捷的服务网络。1998 年初，法国建立了一个旨在促进和支持“动手做”项目的网站，该网站分为三部分：相关新信息、课堂活动和教学资料、教师与科学家交流。通过这个网站，不仅为教师提供了有效的帮助，同时可以与同行、科学家或热心人士进行交流、对话，共同探讨教学方法。

（二）“动手做”教学过程的步骤

“动手做”作为法国科学教育的一个亮点，倡导“让儿童按照科学家发现知识的过程来学习”，强调把科学家从事科学研究的一些基本方法反映到科学教育中来。一般来说，“动手做”课堂有以下几个步骤。

1. 提出问题，鼓励求知欲

法国的“动手做”计划，特别强调为孩子们营造问题意境，使孩子们在这种环境中无顾忌地提问。法国教师重视并善于倾听孩子的提问，几乎每一个人都有记录学生所提问题的习惯。翻开他们的教学方案，在科学主题下面，就是学生对这一问题所提出的各种各样的问题。教师首先要对这些问题进行选择，然后确定教学方案。这一做法能够使学生切身感受到课堂上的科学探究活动是真实的，他们是为寻求未知的答案在工作着，科学探索是要靠研究问题不断推动的，对外界事物不断地提出问题是十分重要的。他们认为，关键是创造提问题的环境，让孩子们意识到，他们能提问、可以提问且有权利提问，从而激发学生求知的欲望，保证探究活动的效果。

2. 进行假设，鼓励尝试

猜想和假设是儿童自主构建知识结构的前提。教师在提出问题后，让学生猜想可能出现的结果，大胆假设，并作出自己的判断。这样做可以引导学生在动手之前先动脑，增强其行动的计划性，使实验活动有明确的指向和目的。教师要对孩子的假设和方案做适当的把握，不管实验成功与否，教师都要支持和鼓励他们去尝试。

3. 动手操作，提高解决问题的能力

常听到《两件宝》这首儿歌——“人有两件宝，双手和大脑。双手会做工，大脑会思考。用手不用脑，事情做不好。用脑不用手，啥也做不好。用手又用脑，才能有创造。一切创造靠劳动，劳动要用手和脑”。

这首儿歌，反映了一个通俗易懂的道理，即只有手脑并用，才能创造出美好的生活。

动手操作是“动手做”教学的一个重要环节。根据活动内容，要求学生至少两人组成小组，自己设计实验步骤、选取实验器具和材料、设计记录表格、动手操作、不断进行调整，并最终完成实验。实验的目的是证实或推翻实验前自己提出的假设。在这个过程中，教师的作用主要是观察和记录孩子们的实验方式、问题和观点的发现，并通过提问、建议等方式引导孩子向科学概念和原理迈进。从小长期接受这种训练，有助于学生动手能力、思维能力和解决问题能力的提高。

4. 记录信息，形成自己的科学认识

实验记录已经成了法国科学教育的一个工具，成了学生学习生涯的人生档案和教科书。在实验过程中及结束后，学生要详细地将实验过程与结果记录在实验记录本上，记录的方法多种多样，可以用数字表格，也可以画成图，幼儿班多是由孩子复述自己的图画，由教师记录下孩子的话。实验记录本人手一册，并长期使用和保存。法国教师将学生的实验记录前后分成三份，一份是实验前的预想，一份是实验的真实记载，一份是集体讨论后的共同结论。可以说，三份实验记录的完成就是一个完整的科学认识过程。在实验记录中，学生要用文字加以说明，要回答教师提出的问题，还要自己提出问题，对语言的要求很高。实验记录本跟踪学生整个学习过程，在小学毕业时它就成为一本特殊的纪念册。正是实验记录，强化了孩子们尊重科学实验事实的思想，帮助他们体验了科学研究过程，整理了思路。对语言表达的要求，又促进了他们思维的发展，帮助他们进行交流，从而有助于他们形成科学的概念和科学素养。

学生在科学活动中，经过假设和实验记录之后，将能独立作出决断，得出自己的结论，形成自己的科学认识。他们做出的结论也许是证实自己的假设，也许是否定自己的假设，但都是建立在实验和记录基础之上的，反映了学生的基本认识。“动手做”项目强调在实验过程中得出明确的结论，这将增强学生的研究概括能力。

5. 表达交流，促进合作

学生在实验过程中，不仅要自己动手操作，自己验证假设，自己得出结论，还要能够用准确的、恰当的语言进行表述，与同伴交流获得的经验。在实验结束时，要进行小组或全班集体讨论，每个实验结论还要经过同伴的质疑。这个环节进一步加深了学生对研究本身的认识，同时，也使他们学会了相互交流与分享经验、相互尊重与合作。

总之，“动手做”项目让学生亲身经历科学探究的整个过程，体验科学探究的乐趣，认识到科学与自己生活的密切关系，并在学科学的过程中学会尊重他人、学会遵守规则，它的实施将为新一代公民的成长奠定良好的科学素养。

二、日本的“综合学习”

实施综合性学习是日本教育培养学生“生存力”的一项重要措施。综合性学习要达成以下几个目标：第一，培养丰富的人性和社会性，使其自觉地成为在国际社会生存的日本人；第二，培养自学和自我思考的能力；第三，在宽松的教育活动中，谋求基础学力的牢固掌握，充分体现个性教育；第四，推进各校创造性地开展有特色的教育，形成特色学校。①

（一）综合学习的特点

综合学习的特点可归纳为以下几点：学校自定学习内容；唤起学生的学习欲望；注重自然体验和志愿者活动；学习模式因地制宜等。

1. 学校自定学习内容

日本政府不对“综合学习”的内容进行统一规定，没有既定的教

① 稲垣忠彦．総合学習を創る［M］．东京：岩波书店，2000：70－71．

学目标和教科书，各个学校可以发挥自己的创意开展该模块的教学，这为各个学校开展特色教学提供了可能。

2. 唤起学生的学习欲望

日本学校教育存在的问题之一是学生缺乏学习的积极性，学生把学习看做是一种痛苦的事情或同自己毫无相关的事情。由于升学考试和其他各种考试的压力较大，要想升学就必须面对现实。这样就使学生对学习产生了厌倦，出现了“三无主义”，即无干劲，无责任感，无欲望。从这一点上可以反映出学生对单纯按科目进行学习的教学方式表现出的消极态度。这也正是当前日本学校教育中存在的主要问题。因此，如何唤起学生们的学习欲望和使学生们能积极地参与学习活动，就成了学校教育亟待解决的课题，而“综合学习”可谓是对解决这些问题的一个尝试。

3. 注重自然体验和志愿者活动

日本的志愿者活动已经形成较完善的制度，有公共设施单位（图书馆、博物馆等）直接对社会招募志愿者，也有专门的志愿者组织为需求单位牵线。而在学校“综合时间”里开展的志愿者活动更注重活动的教育目的。要注意引导学生通过体验社会，树立正确的社会行为观[①]。如中学生可组织清除学校周边公共设施上的乱涂乱画，这不仅使学生养成自觉热爱公共设施的良好习惯，还可以培养学生的社会性和道德品质。

4. 因地制宜的多种学习模式

“综合学习”可采取多种学习模式，如小组学习、不同年龄的人共同参与、吸引学校所在地人们的参与以及积极利用学校所在地的设施进

① 児島邦宏，等. 総合的な学習ハンドブック［M］. ぎょうせい. 2003：30－31.

行学习等。比如，可以对家乡的自然环境进行调查，认识家乡优越的地理位置；可以直接向农民了解农作物的生长情况，可以学习手工艺品的制作，等等。总之，综合学习为学生提供了太多的实践学习和体验的机会。

（二）“综合学习”的类型①

有关“综合学习”的内容，日本中央教育审议会在第 15 次会议的报告中提出，除国际交流、信息、环境等课题外，还包括志愿者和接触大自然等方面的综合性学习、课题学习和体验性学习等。有关具体的操作可根据学生成长阶段、学校的类别、学校及所处地区的实际情况，由学校自行判断，充分发挥各学校的创意精神开展“综合学习”。那么，到目前为止都开展了哪些类型的“综合学习”呢？

1. 合科式“综合学习”

所谓合科，是指将两个科目的内容合并在一起，也就是说根据教学内容情况，使两个系统性较强的科目在一定时期出现交叉。比如，将理科与数学或语文与社会科作为一个内容联系成紧密的群体进行教学。以中学为例，由两个科目的教师合作，将两个单独的科目内容组成一个综合单元的教学内容进行教学。也就是说，由不同科目的教师组成协作组，实施协作式教学。比如，理科和美术课的教师合作开展一个题为“探索某某大桥的秘密”的学习。这时，理科教师可以就大桥的构造以及如何在一个宽阔的江面上建起桥梁进行指导；另一方面，美术教师可以以大桥的设计及美感为中心进行分析，并指导学生绘出大桥。再比如，社会科和家庭科的教师在一起组成一个题为“品尝法国饮食”的单元，社会科的教师指导学生学习有关法国的历史与文化，而家庭科的教师则是在实际教授学生制作法国菜，并指导其如何品尝法国菜。像这

① 李旭光. 日本综合学习的背景和特点［J］. 辽宁师范大学学报，2003（2）：26－27.

样通过将两个科目合并，可以使学生掌握单独一个科目无法学到的内容，给学生的学习增添“综合性”。换言之，可以通过更加接近学生的兴趣和爱好的形式，展开学习活动。

2. 跨学科式“综合学习”

跨学科式“综合学习”指从多学科、多学问角度从事的学习活动。这种学习活动主要特点是不受其他课程限制，教师可以自由地发挥想象力，充分研究此项学习内容。其做法是可以先设定一个总的目标，然后，从多学科的角度探讨。例如，先设定一个标题为“今日的中国”，在社会科里设立“中国现代史”，在理科设立“中国人口动态”，在美术课中设立“中国艺术”等副标题，这样可以从不同学科、不同角度系统地对中国进行探索，使学生对一个课题达到全面而广泛的理解。

3. 话题式“综合学习”

上面两种方式是以教学科目为基础展开的，而话题式“综合学习”同教学科目无关，它的特点在于学生们所学的内容，完全是来自学生们自身生活体验中的一些感兴趣的事情。上面提到的跨学科式的“综合学习”是一种“教学科目分离型”，它与话题式“综合学习”虽然有相似之处，但是两者之间确实是有区别的，其最大的区别在于跨学科式“综合学习”的题目是由教师来设定的，而话题式“综合学习”的题目主要是由学生来制定的。话题式“综合学习”是最早在日本开始试行的“综合学习”。这种方式的“综合学习”，主要是在同教学科目无关联的特别活动这一领域内进行的。比如利用学生会活动时间，开展“街道大清扫”活动，主要是通过收集废弃易拉罐等达到清洁的目的。但是这种看似极其简单的废弃易拉罐的收集作业，并没有停留在单纯的生活体验上，而是将这种体验同学习活动有机地结合在一起，使学生增加了环保意识和劳动观念。另外，在日本的学校经常能够看到话题式的“综合学习”，如有“一起种水稻吧”、“一起做面条吧”等。从春天种植水稻开始，到夏季的观察；从秋天的收割、脱粒，到加工成精米；然后大家品尝米饭。这样一连串的学习活动就是以“稻米”为话题进行的“综合学习”。像这种接近学生生活和经验的“综合学习”是日本各学校经常选用的学习题目。

总之，无论是法国的“动手做”、日本的“综合学习”，还是美国的“基于问题的学习”，我们都可以看出探究式教学的重心在于学生，探究主体是学生，教只是服务于学，而非学服从于教，这一教学形式更强调学生的独立探究。

通过对探究式教学的分析，可以看出，探究式学习与接受学习并不对立。接受学习即学习内容由教材或教师以定论的方式呈现，学习时教师作系统有计划的讲解和指导。学生只是被动接受知识或机械记忆。相反，探究学习时，教师创造特定的情境，让学生从问题情境中提出问题，建立假设，并通过收集各种证据的基础上证实或证伪假设，从而得出自己的结论。从教育实际看，学生探究能力的形成与发展是渐进式的，而不是突发式的。学生不可能开始就能独立从事探究学习，而是仍需要教师的大量指导。所以要正确看待二者的关系，既要在理论上区别，又要在实践中联系。只有这样，才不至于使探究式教学脱离现实基础。教师应尽量利用传统的提问、讨论等方法引导学生探究，以便开展纯正的探究式教学。

探究式教学应注重过程与结果的统一。任何活动都离不开先前探究活动的结果，要以其所得出的知识为基础，所验证的理论作指导。科学研究始于问题，研究者总是在一定的观点或理论的支配下进行探究的。真正的科学探究不是也不可能只重过程不重结果，二者密不可分。因此，探究式教学既重过程又重结果，过程与结果相结合。学生探究技能的发展，要以所掌握的基本概念和理论为基础，以现实的问题为焦点，注重自主合作探究，是对探究学习的正确理解。

5

对话教学理论

对话成为西方哲学的关注点已经有很久了，远有苏格拉底的“启发式对话”，近有哈贝马斯（Habermas，J.）的“交往行动”，中间还有布伯（Buber，M.）的“我—你”、巴赫金（Bakhtin，M. M.）的“复调”和伽达默尔（Gadamer，H. G.）的“视界融合”等。大约到了20世纪70年代，对话开始成为西方教育学的关注点，持续至今，直至形成对话教学理论。本章试图从对话教学的目的、师生关系、策略和适用条件等方面来阐述对话教学理论。

第一节　师生对话建构有价值的知识

为什么偏偏是“对话”？因为只有师生对话建构的知识最有价值。进一步追问，知识可以建构吗？人们对知识性质的重新审视，为知识建构提供了可能。

一、对知识性质的重新审视

曾几何时，人们不会想到要讨论知识的性质，因为人们坚信知识具有客观、确定、普遍和中立等性质。反映在教学上，就是 T/S（teacher/student）模式，其本质是控制，教师不仅控制学生的学习内容，而且控制学生的学习过程。

但到了 20 世纪中叶，人们对知识的看法发生了显著的变化。波兰尼（Polanyi，M.）指出，人类有两种知识，通常所说的知识是用书面文字或地图、数学公式来表述的，这只是知识的一种形式，还有一种知识是不能系统表述的。例如，我们有关自己行为的某种知识，如果我们将前一种知识称为显性知识的话，那么我们就可以将后一种知识称为默会知识。波普尔（Popper，K. R.）认为，必须放弃对知识的绝对确真性与可靠性基础的寻求，所有的知识都是在批判的反驳中，不断地拣选、修正或抛弃，推进知识的增长。哈贝马斯强调，一切科学认识都是以兴趣为基础与前提的。也就是说，认识者的兴趣及其与认识行为有关的条件，“选择”、“制造”了认识对象，而不是认识对象激发了认识者的兴趣。

这里，关于知识的性质，有三个主要变化。当然，这种变化不是简单的取代，而是一种丰富。

首先，知识既有显性的，也有默会的。原来一直以为知识就是明确的信念，看得见摸得着。但事实上，看得见摸得着的，只是冰山之一角，绝大部分知识是默会的。不能说那些不能明确表述的就不是知识。

其次，知识既有普适性的，也有情境性的。过去，人们把普适性当做知识的绝对标准，认为那些不能放之四海而皆准的就不能算做知识，充其量是一种意见。但是，为什么普适性知识屡屡“受挫”于某个具体情境时，而实践照样具有相当的合理性呢？实践的合理性是受什么支配呢？看来，确有一种情境性的知识存在。

最后，知识既有客观性的，也有主观性的。多少年来，人们都认为，既是显性的、可精确表述的，又是普适性的知识，一定是客观的知识，因为这样的知识在最大范围内得到了认同，认同范围越大，客观性越强。可是，默会的、情境的知识却没有这样的大范围的认同度，而它又是存在的，那只能说并非所有知识都一定具有客观性，有的知识也具有主观性。

二、师生对话建构有价值的知识

知识性质的丰富使我们明白了，如果学生没有参与知识建构的话，教材、教参所呈现的和教师单方面传递的知识，就不是教学中最有价值的。怎么让学生参与知识建构呢？那就是对话。

（一）对话的内涵

总结国外学者对对话的论述，主要有对话即“包含”、对话即“双重和声”、对话即创造、对话即理解等观点。

1. 对话即“包含”

这主要是布伯的观点。他认为，一方按照他人的立场来经历共同的事件，包含就出现了。细分起来，有三种情况。

第一种，以对包含的抽象而相互的体验为基础。双方都意识到对方的合法性，都承认对方立场的必要性。“我说对话关系的这种形式是抽象的，并不因为好像它的基本体验缺乏直接性，而是因为它只与作为精神之人的人相关，必然脱离人的本质和生命的充分的实在。”①

第二种，以对包含的具体而单方面的体验为基础。“去想象孩子的个别性是不够的，直接把孩子经验为一个精神性的人，进而承认他，这也是不够的。”② 参与者的“包含”都是具体的实在，而不像第一种那样是精神上的。但这种“包含”关系还不是相互的，因为教育者立于共同情形的两端，而学生仅立于一端。

第三种，以对包含的“具体的、相互的体验的对话关系”为基础。这就是友谊，它是相互之间凭借心灵的真正的包含。这种关系充满信任和相互性，即使双方存在分歧或批判，这种对话关系也不会造成伤害，因为我们已经放弃了戒备和独白的立场。

显然，布伯最推崇的是第三种形式的包含。这种包含就是相遇，即把他人放在具体的独特性中去认识，而不是把他人看做自己经验的一个内容。相遇是生活的本质，只有当双方相互从对方的角度来感受和经验事物时，才会有真正的相遇，也才是一种“包含”关系。

2. 对话即“双重和声”

这主要是巴赫金的观点。他认为，“声音”和“双重和声”是对话的两个核心概念。“声音”与语言的内在分层即“众声喧哗”有关。“众声喧哗”是语言的本质状态，因为任何语言都包含了多种形式，这些形式又与各种社会团体相联系。“所有说出来的话都有一股‘味道’，来自某种职业、流派、趋势、党派、特定的工作和人、某代人、某个年龄段和特定时段。”③ 也就是说，每句话都有一股情境味。因此，巴赫

---

① 布伯．人与人［M］．张健，等，译．北京：作家出版社，1992：142.

② 同①，143－144.

③ Bakhtin M M. The Dialogic Imagination: Four Essays by M. M. Bakhtin. Ed. M. Holquist. Trans. C. Emerson et al. Austin: University of Texas Press, 1981: 289.

金认为，一句话之所以具有意义，部分原因在于这句话指向或回应了这些声音。“双重和声”有两个方向，既针对言语的内容而发（这一点同一般的语言是一致的），又针对另一个语言（即他人的话语）而发。在“双重和声”话语中，言说者的意义部分通过与他人声音的互动来生成。巴赫金指出，我们所有的话都充满着他人的话……我们不过吸收、再加工和重新强调这些话而已。这里，“吸收”“再加工”和“重新强调”都是一种互动，不仅仅是再现。在这个基础上，巴赫金指出，任何一次言谈，根本不能把它只归在言谈者一人身上，它是说话的人们相互作用的产物，广而言之，是发生言谈的整个复杂的社会情境的产物。单一的声音，什么也结束不了，什么也解决不了。两个声音才是生命的最低条件，生存的最低条件。

3. 对话即创造

这主要是鲍姆（Bohm，D.）的观点。他指出，对话的目的是揭示出我们思想中的不连贯的地方，发现或重建真正的、创造性的集体意识。对话过程是“唤醒”的过程，意义在所有对话者中间自由流动：“对话之初，人们一直在表达固定的立场，试图捍卫自己的观点，逐渐维护友谊，这种情感比持有任何立场更重要。这种友谊不是建立在对话者之间的封闭的个人关系之上的，在这个意义上，友谊具有‘间性’。这样，基于对话过程中共同意义连续变化、发展，一种新型的心灵开始形成。人们主要不再是对立的，也不能说是在互动，而是参与共同意义的建构。在这个过程中，对话者没有预先确立的目的，尽管时刻都有自由变化的目的在自我揭示。对话者之间是一种新的动态的关系，每个参与者都在其中。”① 这里，我们可以看出对话的一些常见的主题，比如过程的探究性、不可预见性等。

---

① Bohm D. Unfolding Meaning：A Weekend of Dialogue with David Bohm. London：Ark，1987：175.

4. 对话即理解

这主要是伯布利斯（Burbules，N. C.）的观点。伯布利斯指出，对话代表的是一种持续发展的交往，人们凭此不断获得对世界、自身和他人更充分的理解。对话指向发现和新的理解，并持续地提升参与者的知识、洞察力或敏感性。在有些情况下，对话可能有一个倾向性目的，但交往互动这个动态过程可以使参与者强化、改变或放弃那个目的；在另外一些情况下，没有哪个参与者明确地知道对话的走向，或它是否会成功。

（二）如何在对话中建构有价值的知识

先来看下面一段对话。

教　师：这么说来，你们中有些人认为最好诚实应试，对吗？（有些学生点头表示赞同）有些人认为作弊也未尝不可？（少数学生略作迟疑，稍稍点头）我猜想你们当中有些人不知何去何从。（学生点头）好了，是否还有其他选择，或者这只不过是欺骗还是诚实的问题？

塞　姆：你可以时而诚实，时而不诚实。

教　师：同学们，这听起来像是一种可能选择，是吗？（学生点头）还有其他可供替代的选择吗？

特雷茜：在某些情景中你可能诚实，而在其他情景中则不然。譬如，当朋友向我探问难看的衣服时，我就会不老实，至少偶尔如此。（笑声）

教　师：同学们，这是一种可供替代的选择吗？（学生再次点头）还有其他供替代的选择吗？

塞　姆：我觉得，你好像不得不一直为人诚实或相反。

教　师：等一下，塞姆。按照往常，我们先是寻求这个问题中的可能选择。稍后，我们将努力检查我们已确认的可能选择的后果。同学们，还有其他可能选择吗？（无人应答）那么，让我们把我们已有的四种可能性列在黑板上，我准备请每个同学独自做两件事情：（1）看你们能否确认诚实与不诚实这一问题中的其他选择；（2）思考每一种可能选择的后果，弄清楚你们倾向于哪种后果。随后，你们将被分成几个讨论小组，你们可在其中讨论这个问题，看你们能不能搞懂。

金　杰：这是否表明，我们能独自决定我们在测验中是否应该诚实应试?

教　师：不，那意味着你们能择定价值。我个人珍视诚实，尽管你们会选择不诚实，我还是坚决要求你们在我们的测验中不作弊。在你们生活的其他方面，你们也许有更多的自由可以不诚实，但是人不可能时时随心所欲，在这堂课上我希望你们诚实参加测验。

金　杰：但是，那么我们怎样才能亲自作出决定?难道你不是在告诉我们该尊重什么吗?

塞　姆：毫无疑问，你是在告诉我们应该做什么，该相信什么。

教　师：不完全是这样。我并不打算告诉你们该珍视什么。那取决于你们。但是我确实想表明，在这堂课上，在其他地方并不必然如此，你们必须诚实应试，否则，你们肯定会遭受某种后果。我只想说明，我不能在没有诚实规则的情形下让你们参加测验。你们当中任何一个选择不诚实为价值的人不可以在此处实践这种价值，我要说的就是这些。①

从该案例中可以知道，通过对话建构有价值的知识，需要把握以下几点。

第一，选用T/L课堂模式。T/L（teaching/learning）模式，与前面说的T/S模式相对，教师不控制学生，相反，师生都投入到一种相互的、反省的、持续的对话中。

第二，创造平等说话机会。师生都有平等的说话机会，都尊重他人的说话权利，都可以安全地说话。只有当所有学生的声音都呈现出来，

① 拉思斯．价值与教学［M］．谭松贤，译．杭州：浙江教育出版社，2003：151－152.

才可能把合理的说话权利真正还给所有学生。只有当学生说话时，作为倾听者的教师，才知道他们各方面的真实状态；相反，倘若学生沉默时，教师是很难知道他们的真实状态的，只好想当然地把他们当成是倾听者了。

第三，鼓励学生自主选择。教师一开始并不直接告诉学生应该选择哪种价值，而是让学生自己作出选择，并根据学生的倾向性意见把他们分成若干小组，充分讨论。

第四，教师适时加以引导。当感到学生的价值选择有需要纠正的时候，教师及时给予引导，让学生思考每一种选择的后果。

第五，注重过程甚于结果。对话不是消化权威传授的信息或学说，不是检视或批判某特定的理论或计划，而是展示对话者之间的创造性参与这个过程。案例中，教师是最后才告诉学生自己的想法的。之前的这个过程是师生之间、生生之间的异中求同、同中求异的多向运动过程。对话者相信，有可能把不同的声音结合在一起，但不是汇成一个声音，而是汇成一种众声合唱；每个声音的个性，每个人真正的个性，在这里都能得到完全的保留。别说最后达成了一个确定的结果，即便没有结果，这种不确定性也是有教育价值的。

因此，整个学生自己澄清价值的过程，就是知识建构的过程。这样获得的价值，才是真正支配学生行为的价值。与单纯说教相比，对话的效果要好得多，效应要持久得多。

第二节　“我—你”对话关系最具教育性

既然是对话教学，当然，师生之间应该是对话关系，正如布伯所言，“教育中的关系是一种十足的对话关系。”[①] 可是，对话关系又是一

① 布伯．人与人之间［M］//赵祥麟．外国教育家评传：第3卷．上海：上海教育出版社，1992：284．

种什么样的关系？在人与人的多种关系中，“我—你”对话关系最具教育性。

一、人与人的三种关系

可以回溯一下伽达默尔曾描述过的人与人的三种关系。

第一种是客观化的关系。在这种关系中，一个主体把其他主体客体化，他人是可以预测的、可控制的，是实现自己目的的手段。伽达默尔指出，这种关系就是“我—它”关系。

第二种是主观化的关系。这种关系承认他人是人，不是把他人当做统计学上的客体，而是把他人当做一个独特的个体。但是，这种关系仍然把他人放在一个“安全的”地方，预设我们可以一种无条件的方式“知道”他人存在的深度，通过一些可靠的方法彻底进入他人，以致把所有的偏见都抛在脑后。伽达默尔指出，虽然可以把主观化的关系看做是“我—你”关系，但这种“我—你”关系的运行更像是两种平行的独白，而不是一场对话。

第三种是对话关系。“真正把‘你’当做‘你’去经验，即不要忽视他的主张，而是去倾听他对我们说了些什么。为了这个目的，开放性就是必要的了。但这种开放性最终并不只为言说者而存在，而是谁倾听，谁就彻底是开放的。相互之间没有这种开放性，就不会有真正的人与人的关系。相互拥有也总是‘意味’着能够相互倾听。两个人相互理解了，并不是说某人在审视的含义上‘理解’了他人。同样，听从某人也不是指我们无条件地做他人所想做的事情。谁这样做，我们就称他为奴隶。因此，对他人开放就包含这样一种认识，即我必须接受某些反对我自己的东西，即使没有任何其他人要求我这样做。”① 可以看出，这种关系既不是占有式的支配，也不是全然的移情，而是一种启迪式的

① Gadamer H G. Truth and Method [M]. London: Sheed and Ward, 1979: 324.

对话。这表明，参与者对达成理解都是有心向的，在充分表达自己的见解时，也努力倾听与自己观点不同甚至相反的观点，要相信他人的观点是有可能正确的，在言说—倾听—说的来来往往中超越我们和他人的独特性，找到共同语言，作出共同判断。

伽达默尔指出，上述三种关系是递进的，对话关系代表的是人与人之间的最高类型。教学是关乎人的专业，理所当然应建构起对话这种最高类型的关系。

二、教学中“我—你”的对话关系

教学中“我—你”的对话关系，重点要关注师生之间的对话、师生与课程文本的对话和在对话中确立教师的权威。

（一）师生之间的对话

这意味着师生间相互教育。弗莱雷认为，通过对话，学生的教师和教师的学生不复存在，代之而起的是新的术语：教师式学生及学生式教师。教师不再仅仅去教而且也通过对话被教，学生在被教的同时，也同时在教。他们共同对整个成长过程负责。在这个过程中，“特权式”讨论已不再奏效……这里没有谁教谁，也没有自己教自己，只有从头至尾在相互地教。就是说，师生不再是主动与被动、灌输与被灌输、征服与被征服的关系，而是互为教育者的“主—主”关系，互为不可替代的主体。

鉴于传统教学中教师的强势，对话教学尤其强调教师在对话中要学会倾听学生。下面是一个实录。①

学生：老师，莎莉把我的画撕坏了（哭泣）。

① Gordon T. T. E. T. Teacher Effectiveness Training [M]. White Plains, NY: Longman, 1974: 70.

教师：哦！莎莉撕坏了你的画，你很生气，是不是？

学生：嗯！我现在只好重新画一张了！

学生：理查德老是欺骗人，我以后不再跟他玩了！

教师：你不喜欢理查德这样对你，所以你不愿意再跟他玩了。

学生：嗯！我以后跟大卫玩。

学生：这个学校没有以前我上的好。以前那个学校的同学对我都比较好。

教师：哦！你对现在的学校不太满意，是不是？

学生：嗯！

当然，倾听不是目的，倾听是为了更好地懂得学生，以为双方对话找到更佳切合点。

（二）师生与课程文本的对话

在对话教学看来，课程文本像一个“你”一样自身说话，它不是一个客观对象，而更像对话中的另一个人。因此师生围绕课程文本教与学，也是一场对话。如果完全忠实于教材和教参，教学就不是一场对话。因为师生是在理解课程文本，教与学中只有理解，没有复制，而理解就是要建立自己的想法，带有创造性质。

（三）关于教师权威的论争

雅斯贝尔斯（Jaspers，K.）曾经归纳过三种教育方式，即经院式、师徒式和苏格拉底式。经院式的教育方式以知识为中心，学生死记硬背现成的知识，教师是知识的唯一解释者和传递者；师徒式的教育方式以教师为中心，教师是知识和权威的象征，学生只能被动地依从教师；苏格拉底式的教育方式主张，师生是教育过程的平等参与者，不存在权威和中心，这样，师生双方自由地思考，善意地对话和论争。但是，伽达默尔却明确指出，“权威所说的东西并不是非理性和任意的，在原则上要把权威所说的东西看做是真实的。这就是教师、上级和专家所具有的权威的本质。”① 杜威也认为，当我们抛弃了外在的权威时，并不意味着继而抛弃一切权威，而是需要寻找一个更有效的权威源泉。实际上，无论我们如何热心地追求平等的教学关系，我们都无法回避教育情境中的某种权威。看来，同为对话教学推崇者，却在教师权威这个问题上存有不同看法。

承认了教师权威，它到底和师生对话能不能相容？伽达默尔、伯布利斯相继给出解决思路。伽达默尔认为，权威不是现成被给予的，有且只有是争取来的。在对话教学中，教师这种权威是在师生对话中确立起来的，不是带入对话的那个成人权威。而伯布利斯则是把教师权威当做差异，而差异恰恰是对话的重要资源，而且，差异也表明了以下两种能力：一是不同团体之间有和平共处的能力，二是不同团体之间有互动的能力，而且互动的方式是要丰富和鼓舞各自的生活。这表明了不同团体有跨越差异进行交往和协调的能力。

第三节　师生对话讲究策略

对话教学怎么实施？常用的策略都有哪些？这里从教学流程的角度，分别陈述准备、启动和推进三方面的策略。

一、准备策略——运用关键事件调查表

关键事件调查表（critical incident questionnaire，CIQ）是布鲁克菲

---

① Gadamer H G. Truth and Method [M]. London: Sheed and Ward, 1979: 249.

尔德（Brookfield，S.）提出来的。这是对话教学的准备策略。当教师计划要进行对话教学时，需要提前对全班学生的学习状况有一个总体把握，了解学生学到了什么，是怎么思维的。

关键事件调查表包含五个问题：

①本周课堂上，你觉得什么时候最投入？

②本周课堂上，你觉得什么时候最不投入？

③本周课堂上，教师或学生的什么行为你觉得最值得肯定或有帮助？

④本周课堂上，教师或学生的什么行为你发现最让人不理解？

⑤本周课堂上，最让你惊讶的是什么？（可能是你自己的反应，也可能是别人的反应，或者发生在你身上的别的事情）

下面是教师肖（Shaw）的一份关键事件调查表。

第一周关键事件调查表

问题（后面跟着的是教师的反应）	学生答案（√号表示这个答案是重复的）
本周课堂上，你觉得什么时候最投入？ “很高兴看到，课堂上有这么多学生一起投入学习代数复习题。”——肖（老师）	√√核查考试和代数复习题答案 √√√√√√小组学习 √√√√“是的”或“总是”或“随时” 第一天；第二天 解释学生问题时 √√√√考试 我们删除图表并对它们归类时 √√散点图练习 讲课时

续表

问题（后面跟着的是教师的反应）	学生答案（√号表示这个答案是重复的）
本周课堂上，你觉得什么时候最不投入？ “第一天的课对我们所有人来说都有压力。我想说明这些计划是如何起作用的，以及课程如何进行，但多数学生根本不想听现在说的任何事情。”——肖（老师）	√√√√√√√√√√没有 本周仅是复习 教师讲得太多 √√考试，今天 √√√一开始，什么都是熟悉的 开始小组学习 要检查我们的多媒体演示
本周课堂上，教师或学生的什么行为你觉得最值得肯定或有帮助？ “我非常感谢哪些从第一天起就积极参与课堂活动和讨论的学生。”——肖（老师）	教师解释大家都易犯的错，没有假定每个人都知道 √√√教师回答学生问题或课堂工作 √√教师在黑板上讲解如何解例题 √√√√√√√√√分组 √√√√没有回答 学习小组 在网上公布测验答案 小组学习有额外的加分
本周课堂上，教师或学生的什么行为你发现最让人不理解？ “一些学生声称，他们不会做复习题上的代数问题。我担心他们在 Ma 181 上会困难。”——肖（老师）	√√√√√√√√√√√√√√√“没有” 绘图作业 我不能完成家庭作业时 √√√分级合同（Grading Contracts） 计划：我们所有都要提高 5%？ 按照我们生活在哪里来分组这件事 考试的方向有点困惑

续表

问题（后面跟着的是教师的反应）	学生答案（√号表示这个答案是重复的）
本周课堂上，最让你惊讶的是什么？（可能是你自己的反应，也可能是别人的反应，或者发生在你身上的别的事情） “关于5%计划，多数学生没有问题。”——肖（老师）	√√√√√√√没有回答 教师要求的反馈太多 √√√√√√√座位安排，小组学习 需要提高我的代数能力！ 提醒考试是星期五那天，哇噻！ 教师不在黑板上“教课” 我们拿到的作业单太多 计划之外；选择我们自己的百分数 把同学的答案写在黑板上，每个人都看得见

一般在一周最后一堂课的最后10分钟把关键事件调查表发给每个学生。学生以匿名的方式填写。然后，教师收齐加以分析，记下学生的主要想法和观点。第二周第一堂课，教师向学生反馈上一周的情况，并用一些时间让学生讨论、质疑和评价这些情况，以及理清本周要改进的事情。

二、启动策略——从具体经验出发

这主要是萨兰（Saran，R.）和奈塞尔（Neisser，B.）总结出来的策略。她们认为，辅导者必须指导参与者从具体经验出发，并且要保证，当他们逐步获得更普遍的认识时，他们脑海中始终保持与具体经验的联系。

学生不愿意在课堂上发言的原因之一，就是他们觉得讨论的主题离他们的经验太远了。要消除这种距离感，一个有效的方法就是从师生生活中的具体经验出发。教师要精于把课程知识与自己、学生的经验结合起来，敢于用时代的鲜活经验，重构具有“未完成性”的教参和教材，乐于和学生发展共有知识，善于在参与中引领学生并与之进行有意义的经验互动。学生则要把自己独特的经验带入学校，并在教师的指导下激活自己的经验，并主动发展参与、互动的思维和能力。

在萨兰和汉普斯特德学校的学生共同进行的“规章是必要的吗?”的教学中，首先，就是让学生举出与自己经验有关的事例，而不是给学生讲规章是否必要的道理。

结果学生一口气说出了十一个事例：

第一，小学不允许我们喝碳酸饮料，但老师们却可以喝。

第二，初中规定我们穿校服时必须穿白色短袜，否则就把我们送回家。这真是荒谬！

第三，根据课堂行为规范，即使教室里很冷，我也必须把外套脱掉。

第四，上体育课的时候，老师不让我戴耳环，因为体育课有规定：不许戴饰品。

第五，我们没有赶上去户外体育课的大轿车。因为我们没吃完午饭就不能离开房间：不许边吃边向车走去。

第六，我在数学课上问朋友一道数学题，但老师告诉我，按照课堂行为规范，我应该保持安静。

第七，在教室里不能喝水。为了准时签到，我走得太匆忙，没喝成水。

第八，运动会上，老师要求每个队的男、女生人数相等。我们队女生不够，因此不能参加比赛。

第九，在容易使人生气的地方会议上，我发觉会议的规章保证了会议的秩序。

第十，我的年龄使我不能去游乐场玩充气城堡。

第十一，在公交车上必须出示乘车证。我才 15 岁，但没有乘车证就只能购买成人票。①

这些事例都与孩子们的生活和体验有关，而且每个孩子都说出了讨论自己事例的理由。当然课堂上不能就这些事例一一讨论，只能选取其中的一个事例加以讨论，于是，萨兰决定让学生投票。最后有两个事例得到同样多的票数，那就是第一和第八。看来，学生对这两个事例有共同的感受，有话要说。第一个事例涉及师生是否遵循同一个规章，第八个事例讲的是运动会的规章是否合理，关系到公平问题。这两个事例都很有价值，但一堂课只能深入讨论其中的一个。萨兰让孩子们用掷硬币的方式，选择了第八个问题加以讨论。

从运动会这个具体经验出发，孩子们展开了热烈的讨论。因为这个班没有足够的女生，而运动会的规定又不允许灵活执行，比赛当然输掉了。萨兰就此引导孩子们围绕“为什么需要这个具体规定”、“为什么运动会要严格执行这个规定”展开讨论，直至得出结论：执行行为规范和规章的对象要参与其编制和修订，只有这样，行为规范和规章才会更有效。

三、推进策略——始终聚焦讨论主题

萨兰和奈塞尔认为，每当对话离题而进入其他相关问题时，辅导者必须把小组的注意力带回到未完成的要点。他必须保证小组知道正在讨论什么问题。他必须保证小组在正轨上，直到问题被充分讨论或小组因为某些原因有意决定转向其他问题。

教师：我们今天的任务是阅读教师迈克·罗斯的精彩自传《生活

---

① 萨兰，奈塞尔. 求索的心灵：苏格拉底对话教学法的理论与实践 [M]. 易进，等，译. 北京：教育科学出版社，2010：46－47.

在边界上》中的结论部分。罗斯不仅用一些如何跨越文化和阶级界限的非常具体的例子讲述了自己的经历，而且还向我们阐明了这些例子对于改革教育政策的具体含义。你能够就这些事例以及他们对于促进教育改革的价值提出自己的意见吗?

学生1：222页上面的引述特别重要。我们必须假定学生具有发展的潜能并且在实践中能够做到这一点，并且这个假定应该成为所有教育变化的基础。

学生2：也许是吧，但究竟什么使他如此充满希望？他的信念从何而来？我看到许多这样的情景：即使那些最优秀和最富献身精神的教师也帮不了那些学习最吃力的学生。

学生3：我也有同感。尽管我喜欢罗斯讲述故事的方式，但是我仍不能肯定我可以从中学到什么。日常教学并不是故事，在现实的教学实践中，没有动人的情节，也没有高潮或顶点。不要沉迷其中不可自拔，要努力充分利用它。

学生4：但是，难道这些事件就没有揭示出什么吗？你们对于在刚开始的成就测验中，非常失败的学生经过罗斯稍加点拨就进步很大，这样一个例子如何评价?

学生5：我认为罗斯了解那些学习成绩不良的学生，因为他自己曾经是其中的一员。

学生6：但是他在加利福尼亚大学洛杉矶分校也变成了一个成就优异的学生，他可能已经与那些根源疏远了。我不认为他了解较差的基础、突破受限技能，特别是与种族歧视努力斗争的真实感受。

教师：我想我们是不是先暂停一会，以便把这些有趣的各种问题集中一下。你们当中有人认为罗斯对于基础较差学生的需要非常敏感。还有人质疑他讲故事的方式和他的特权地位，是否使他能够真正理解那些最边缘的学生。有理由相信这两个观点至少部分是真实的吗?

学生7：他现在仍旧在加利福尼亚大学洛杉矶分校教学生写作，还是在干别的?

教师：他仍旧在教写作课，但是，他在教育学院也有一份工作。但我想还是回到刚才的话题上来。罗斯能够给我们一些关于教育改革的重要启示吗？他是不是过于理想主义，离我们现实中的教师生活太远了？

学生5：我仍然认为他作为学生过早参加工作的背景，形成了他的关于不公平和实现教育机会不均等的重要观点。

学生6：对了，我忘记了那件可能对他的思想和实践有着重要影响的事情。

学生3：我只是不相信这个故事的形式。在结尾的时候他总是使结果如此完美。

学生1：他是这样的吗？我认为他是一个现实主义者，对于那些被忽视和受压抑的学生所能达到的水平，他有着清醒的认识。所有那些失败教育的岁月都是一个沉重的负担，但是我们可以取得进步，特别是当我们仍旧充满希望时。

学生3：但是，他决定对希望进行大量叙述，这就使他无法讲述所有的失败以及那些局部成功的事情。

学生2：并且为何抱有如此大的希望？他坚持自己信念的原因是什么？

教师：我想至少有两点原因使罗斯这样做，这两点原因都在罗斯那里。

学生5：我可以说吗？

教师：请继续。

学生5：罗斯这样做是因为他别无选择。悲观失望毕竟不是改造教育的良好基础。

学生2：革命怎么样？

学生5：可能可以，但是在我们等待革命的时候，罗斯向我们表明如果你有耐心，并且努力跨越界限，只要你努力克服自己的不足，提高能力，那么，你就会取得巨大的进步。

教师：在这一点上，罗斯类似于杜威。他除了充满信念之外别无他想，但这并不是一个盲目的信念，它来自于经验。

学生 2：对，那我们可以具体地讨论这些经验吗？他的教育信念的具体基础是什么？

教师：好吧，下面我们就讨论这个问题。①

这个对话中，教师一共有七次发言。第一次发言明确告诉学生这节课要讨论的主题，是请学生就罗斯的故事对于促进教育改革的价值发表意见，开门见山，直奔主题。第二次发言对学生提出的意见作了归纳，这既是总结，也是引导。第三次发言首先是直接提醒学生 7 不要跑题，更进一步引导学生思考罗斯的观点是否有些理想主义。第四次发言表明了自己认为罗斯之所以乐观是有原因的，但并不直接告诉学生这些原因是什么。第五次发言鼓励学生说出原因所在。第六、第七次发言是一个重要的引导，罗斯之所以乐观，一方面是因为他有信念，另一方面他的这些信念是有经验基础的，把讨论引向了对罗斯具体经验的讨论。这七次发言，每一次都明确指向主题，并一步一步把讨论引向深入：

呈现主题——归纳学生发表的意见——提示主题特征（是否理想主义）——提示分析原因——提醒全面分析原因（除了信念外，还有他的经验）——组织学生讨论支撑信念的具体经验。

第四节　师生对话应有条件

既然师生对话是不预先确定结果的，自然就有人担心，它会不会没

① 萨兰，奈塞尔．求索的心灵：苏格拉底对话教学法的理论与实践［M］．易进，等，译．北京：教育科学出版社，2010：104.

有指向性，走向散漫，走向虚无。一方面，研究者强调，师生对话旨在意向性教和学的会话式互动中生成一个结果，倾向于一种非自我中心和非专断的学习观，另一方面，研究者又积极为师生对话开列条件。有情感条件，也有认知条件。在一定意义上，情感条件决定着对话是否能够进行得下去，认知条件决定着对话是否有效和高效。

一、情感条件

根据弗莱雷、鲍姆、哈贝马斯等人的对话理论，师生对话的情感条件主要包括平等与尊重、信任与欣赏、真诚与开放等。

1. 平等与尊重

弗莱雷指出，对话应在平等的基础上进行，在否认其他人有说话权的人与被否认有说话权的人之间，不可能有对话；假如对话的任何一方高傲自大，瞧不起对方，那么对话就会中断。鲍姆说，参与者必须相互视对方为同事或同行，即对话在本质上是同辈之间的会话。这就是说，对话要尊重对方做人的尊严和权利，充分尊重对方存在的价值，尽管对方可能有这样那样的问题或片面性，但对他们在不同领域的贡献和创造，要充分地予以重视，尽最大可能吸取其合理的、有用的成分。

2. 信任与欣赏

弗莱雷认为，对话方相互之间要有信任，相信别人做事有能力，相信别人有创造力，相信别人有发展力，相信这些能力并非仅某些精英特有，离开了对人的信任，对话就无可避免地退化成家长式操纵的闹剧。同时，要把他人的观点当做是根本上值得赞赏的。

3. 真诚与开放

参与者必须悬置各自的假设，将主要兴趣放在创生共同意义上。按照伽达默尔的观点，对话的一个特征是，每个人各自向对方开放自己，真诚接受对方的观点，把对方的观点看做是值得考虑的，循此进入对方的思路。哈贝马斯的语言交往有效性要求，其中一点也是说对话要具有真诚性。伯布利斯勾勒的“交往美德”也表达了类似的意思：批评和被批评时的开放性、承认自己也可能犯错、愿意重新解释或翻译自己的观点以便他人可以理解、自我控制以便他人有说话的机会、善于和积极倾听的意愿和能力。

二、认知条件

师生对话的认知条件主要有内容的真实性、主题的可领会性和促进时机的准确性等。

1. 内容的真实性

这是哈贝马斯关于对话有效性的第一个要求。在师生对话中，内容的真实性反映在师生是否都用自己的语言说出了自己真实的想法。师生语言世界不同，又处在课堂这种正式情境，师生对话的真实性需要特别关注，并不是那种真实地再现了教科书、教参或教师话语的言说就是真实的。

2. 主题的可领会性

按照哈贝马斯的说法，可领会性指对话要符合语言规则。在师生对话中，这只是一个方面，伽达默尔和弗莱雷等人还一再强调，对话要紧紧围绕主题或可认知客体来展开。伽达默尔认为，主体之间对话的本质，不是关注参与者的主体性，相反，主体间对话关注的是讨论中的主题。弗莱雷也认为，在学习情境中，可认知客体调节着认知行动者——教师和学生……教师不仅仅是讲述者，其本身也在与学生的对话中接受讲述，而学生在接受讲述的同时，也是讲述者。当然，这里的可认知客体不仅仅是书本上的内容，应该是以书本为基本素材的拓展了的内容。

3. 促进时机的准确性

鲍姆认为，对话中需要促进者来把握对话的情境，初始阶段尤其如此，促进者应该是不时地指明呈现出关键点的情境，也即有助于集体的本体感受过程的情境，但这些干涉不应该是操纵性的、强迫性的。

再来看一个案例。

在平原组，学生们对学校的课间休息时间很感兴趣。

乔爱丝老师：你们一天在学校有几个课间休息？

平原组：3 个。

乔爱丝老师：你们能不能用课间休息次数，来设计一个乘法的应用题呢？记住你们必须要用乘法。

平原组：……（平原组的学生似乎有点困惑）

乔爱丝老师：你们的课间休息时间有多长？（乔爱丝老师开始启发学生）

平原组学生 1：10：30 到 10：45，15 分钟。

乔爱丝老师：你们一天一共有多少分钟的课间休息时间？你们可以从这里开始考虑。

……

乔爱丝老师走向北极小组并参与他们的讨论。

乔爱丝老师：你们现在讨论得如何？

北极小组：我们不知道怎么做。

乔爱丝老师：怎么回事呢？你们仔细看看你们周围。这里有图片，有小花盆，还有其他物品，它们是不是有倍数关系呢？你们先数数看。

北极小组学生 1：我们教室里有 21 个小花盆。

乔爱丝老师：看一看我们教室里有几个小组？看看是否有什么乘法的概念在里面。（乔爱丝老师提示）

北极小组学生2：如果用它除以5个小组，就会有余数。

乔爱丝老师：不要忘了老师也有1盆花。（老师幽默地说）

北极小组似乎受到了启发，开始讨论。

……

乔爱丝老师这时走到了草地小组。

乔爱丝老师：你们的例子是什么？

草地组学生1：我们想用小婴儿作为例子。

乔爱丝老师：怎么做？（这时乔爱丝老师显然注意到了约翰，一个较后进的学生）

乔爱丝老师：约翰，你对你们组的讨论有贡献吗？

草地组其他学生：小婴儿的例子就是约翰提出来的。

乔爱丝老师：哦，非常好。

草地组学生2：我们这样想：医院里护士的监护房有5个小婴儿（该生含含糊糊，无法表达清楚）。我们想用5的一半，但5是奇数，我们不能把它分成两个整数（很显然，学生2想到了乘法）。

乔爱丝老师：更重要的是小婴儿能不能分成两个半个？

草地组学生2：不能。

乔爱丝老师：所以，你也许应该改变这个数字。

草地组学生3：16怎么样？

乔爱丝老师：怎么把16与乘法联系呢？

草地组学生：……（草地组的学生似乎有点困惑）

乔爱丝老师：通常一个医院不会只有16个婴儿。（乔爱丝老师开始启发学生）

草地组学生4：哦，但是……（这个学生似乎有所启发）

乔爱丝老师：想想看这个医院有几个护士的监护房？讨论一下。

……

乔爱丝老师再次来到平原组，这时学生已经有了初步的草稿：

平原组学生1：我们的第一次课间休息是10：30开始的，第二次课间休息是11：55开始的，从第一次课间休息到第二次课间休息的间隔时间是多少？

乔爱丝老师：你们是在做乘法吗？

平原组学生2：……（学生2在思考）

乔爱丝老师：这是非常好的减法应用题，但不是乘法。

乔爱丝老师：你们需要重新审视自己的问题，你们虽然有很好的减法，但没有使用乘法的概念。

平原组学生3：你是想让我们重新开始。

乔爱丝老师：我不认为你们应该重新开始。让我们将草稿的题目作些改动吧。

平原组学生：……（平原组的学生似乎有点困惑）

乔爱丝老师：你们有几次课间休息？（启发学生）

平原组学生：3次。

乔爱丝老师：那么共有几分钟课间休息时间呢？

平原组学生1：共有45分钟课间休息时间。（显然他们受到了启发）①

这是一个成功的对话教学案例。乔爱丝老师成功地把握住了学生的愤悱状态，及时加以引导。在她的启发下，各个小组都有了基本思路，都能认真讨论，都把问题解决了。

她的启发有几个关键点：首先是激发学生兴趣。如引导平原组利用课间休息时间来设计，引导北极组观察周围的物品，鼓励他们用小花盘来设计等，使这两个组能够迅速定向。其次是促进学生积极思考。如当草地组想以小婴儿为例来设计时，乔爱丝老师及时指出小婴儿不能分成半个，学生随即把小婴儿数变成偶数，乔爱丝老师又及时指出一个医院通常不会只有16个婴儿，启发学生换成以护士监护房为例子来设计更

① 吴仲和．小组合作学习和解决问题的教学——小学二年级“乘法”课例［J］．人民教育，2007（17）：38－41．

为妥当，让学生明白了设计乘法应用题，不仅要有科学逻辑，还要符合常识。再次是及时调控思维方向。如当发现平原组在朝着减法应用题讨论，并计算出了课间时间是 15 分钟时，乔爱丝老师及时提醒，在学生有些泄气的同时，启发学生思考“你们有几次课间休息”，学生恍然大悟，不但之前的减法讨论没有白费，反倒是得到了更为复杂的思维训练。

国外对话教学理论内容庞杂，这里所说远不及全貌，只能说把我们理解过的呈现给大家。随着哲学上的对话思想不断被挖掘，国外对话教学研究渐成气候，我国教学理论研究也随之跟进，大约自 2000 年开始，我国的对话教学研究也多了起来，并在新一轮课程改革的推动下，逐步走向实践。可以说，现在“对话教学”已经成为一种通用话语。当然，作为一种“倡导的理论”，要真正成为一种“使用的理论”，不是一件容易的事情。尤其是，我国教学实践的惯性、大规模班级的条件和一些制度、民众心理等因素，决定了真正的对话教学实践还有较长的路要走。

6

多元智能教学理论

多元智能教学理论（The Learning Theory of Multiple Intelligences，MI）是由美国霍华德·加德纳（Gardner，H.）教授最早提出的。经过近30年的研究发展，多元智能教学理论引起了全世界教育学家的广泛关注，也为我国教育教学改革提供了有益的借鉴和启示。本章围绕多元智能教学，重点介绍人类八种智能表现的特征、基于学生优势智能领域进行多元智能教学的策略、基于学生多元智能进行发展性评价的操作方法。

第一节 每个学生都有自己的优势智能领域

1983 年，美国发展心理学家霍华德·加德纳在他的《智能的结构》一书中，提出多元智能教学理论。智能是解决问题和制造产品的能力[①]；多元智能教学是指为激活和发展学生的多种智能而设计和组织的教学，即“为多元智能而教，用多元智能而教，围绕多元智能来教”。本节重点介绍：人类拥有的八种智能及其特征表现，教学应充分尊重每个学生所拥有的优势智能领域。

一、人类拥有多种相互独立的智能

人的智能不是单一而是多元的，且各种智能独立存在。人们经历了从“传统一元智能到新的多元智能”的认识发展历程。

1. 挑战传统的智能理论

传统的智能理论认为：智能是以语言能力和数理逻辑能力为核心的、以整合方式存在的一种能力。20 世纪 80 年代中后期到 90 年代以来，西方心理学家在批评上述理论的基础上提出了人具有多种智能的观点。如：智能三元理论——人的智能由分析能力、创造能力和应用能力三个相对独立的能力方面构成；智能的领域独特性理论——在不同领域工作的人在智能活动方式上存在着明显差异，这种差异并不说明一种智能比另一种智能优秀。而对传统智能理论进行最彻底的挑战，并在世界教育领域产生最深远影响的，则是多元智能理论。

---

① 霍华德·加德纳．多元智能［M］．沈致隆，译．北京：新华出版社，1999：7.

2. 解决问题和制造产品的新智能定义

加德纳提出，智能是在一定的社会文化背景下，个体用以解决自己面临的真正难题和生产及创造出社会所需要的有效产品的能力。这一新的智能定义，不仅强调了智能的社会文化性，即智能与一定社会和文化环境下人们的价值标准有关，这使得不同社会和文化环境下的人们对智能的理解不尽相同，对智能表现形式的要求也不尽相同；而且还特别强调了智能是解决实际问题或生产及创造有效产品的能力，即否定了仅以语言能力和抽象逻辑思维能力为核心和衡量标准的传统智能理论。

3. 人类至少拥有八种智能

多元智能教学理论认为，智能是多元的——不是一种能力而是一组能力，而且这组智能中的各种能力不是以整合的形式存在，而是以相对独立的形式存在。即个体身上存在着相对独立的、与特定的认知领域或知识范畴相联系的七种智能，即语言智能、逻辑—数理智能、音乐智能、空间智能、身体运动智能、人际交往智能和自我认识智能，后来又增加了自然观察智能，共构成了八种智能。

4. 每种智能都具有同等重要性

加德纳认为，每一种智能在人类认识世界和改造世界的过程中都发挥着巨大的作用，具有同等的重要性。每个人与生俱来都在某种程度上拥有八种智能，环境和教育对于能否使这些智能得到开发和培育，有着重要的作用。过去在西方流行的智商测试和传统教育，只重视课堂学习，忽视了社会实践。而单纯依靠用纸笔的标准化考试来区分儿童智力的高低，考察学校教育的效果，甚至预言他们未来的成就和贡献，是片面的。这样做，实际上过分强调了语言智能和逻辑—数理智能，否定了其他同样为社会所需要的智能，使学生身上许多重要潜能得不到确认和开发，造成了他们当中相当数量的人虽然考试成绩很好，走上社会后却不能独立解决实际问题的教育弊端，是人才的极大浪费。

二、每个人都有自己的优势智能

每个人都是独特的，都有相对而言的优势智能领域；教育教学要保证学生个性和特殊才能的充分发展。① 教育教学应充分尊重学生的优势智能，帮助学生将优势智能领域的特点迁移到弱势智能领域中。

1. 每个人都是独特的

八种智能在每个人身上以不同方式、不同程度的组合使得每个人的智能各具特点：同样具有较高智能的人，可能是一名作家，可能是一名歌唱家，可能是一名数学家，可能是一名画家，可能是一名运动员，可能是一名思想家，也可能是一名社会活动家。同时，即便是同一种智能，也有着不一样的表现形式：同样具有较高逻辑—数理智能的两个人，其中一个可能是数学家，而另一个可能是文盲，但他有很好的心算能力；同理，两个同样具有较高身体运动智能的人，其中一个可能在运动场上有出色的表现，而另一个则可能因为动作不协调根本上不了运动场，但他在棋艺室里却有很好的表现。

2. 每个人都是出色的

多元智能理论为人们提供了看待“聪明”问题的全新视角：不能说多元智能结构中的八种智能哪一种重要、哪一种不重要，只能说八种智能在个体的智能结构中都占有重要的位置、处于同等重要的地位，它们在每一个人身上都各具特点并有着自己独特的表现形式。因此，不能说世界级人物如丘吉尔、莫扎特、爱因斯坦、毕加索、迈克尔·乔丹、柏拉图和马丁·路德·金谁更聪明，只能说他们都是具有高度发达智力

---

① 金奇洛．多元智力再思考［M］．霍力岩，等，译．北京：中国轻工业出版社，2004：9．

的人，都是最聪明的人，他们各自在不同的智力方面、以不同的智力表现方式将自己的聪明才智发挥到了无与伦比的地步。所以，对于每个人来说，不存在谁更聪明，只存在不同的个体各自在哪个方面聪明以及怎样聪明的问题；每个人都是独特而出色的。

3. 教育教学应充分尊重每个学生的优势智能领域

人的智能特点和表现是不平衡的，我们的教育教学应该充分尊重每个学生的优势智能领域，并努力挖掘每一学生特殊才能的巨大潜力。为此，教育教学工作者要做到：第一，在设计和组织教学活动中，充分考虑每一个学生的优势智力领域，并使其在教师有目的、有计划的教育教学活动中得到最大化的发展。第二，注意培养和提高那些优势智力领域不属于传统学校教育重点如语文、数学的学生的自信心和自尊心。应该欣赏、重视传统教育下所谓“差生”的某一优势智力领域，使每个学生都生活在教师的欣赏与尊重之中，并由此培养起所有学生的自信心和自尊心。

4. 教育教学要帮助学生发展其弱势智能领域

优势智能领域和弱势智能领域是相对而言的，每一个学生都有自己的优势智能领域和弱势智能领域，而每个人都应该在充分展示自己优势智能领域的同时，将自己优势智能领域的特点迁移到弱势智能领域中去，从而使自己的弱势智能领域得到尽可能大的发展。教育教学工作者要做到：第一，帮助学生发现自己的优势智力领域和弱势智力领域之间的某些联系，并以此为切入点，使学生对需要克服种种困难完成的任务（弱势智力领域）与他最感兴趣的活动（优势智力领域）相关联。第二，引导学生将自己从事优势智能领域活动时所表现出来的智能特点和意志品质迁移到弱势智能领域。

三、八种智能的特征表现

加德纳认为，人类至少有语言智能、逻辑—数理智能、空间智能、音乐智能、身体运动智能、人际交往智能、自我认识智能和自然观察智能共八种智能，八种智能的特征表现各不相同。

1. 语言智能

语言智能指个体听、说、读、写的能力。表现为个人能够顺利而高效地利用语言描述事件、表达思想并与人交流的能力，在政治活动家、主持人、律师、演说家、编辑、作家，记者、教师等身上有比较突出的表现。

2. 逻辑—数理智能

逻辑—数理智能指个体运算和推理的能力。表现为个人对事物间各种关系如类比、对比、因果和逻辑等的敏感以及通过数理运算和逻辑推理等进行思维的能力，在科学家、会计师、统计学家、工程师、电脑软件研发人员等身上有比较突出的表现。

3. 空间智能

空间智能指个体感受、辨别、记忆、改变物体的空间关系并借此表达自己思想和情感的能力。表现为个人对线条、形状、结构、色彩和空间关系的敏感以及通过平面图形和立体造型将它们表现出来的能力，在画家、雕塑家、建筑师、航海家、博物学家、飞行员、室内设计师等身上有比较突出的表现。

4. 身体运动智能

身体运动智能指个体运用四肢和躯干的能力。表现为个人能够较好地控制自己的身体，对事件能够做出恰当的身体反应以及善于利用身体语言来表达自己思想和情感的能力，在运动员、舞蹈家、外科医生、赛车手和发明家等身上有比较突出的表现。

5. 音乐智能

音乐智能指个体感受、辨别、记忆、改变和表达音乐的能力。表现为个人对节奏、音调、音色和旋律的敏感以及通过作曲、演奏和歌唱等表达自己思想和情感的能力，在作曲家、指挥家、歌唱家、演奏家、音乐评论家、乐器制造者和乐器调音师等身上有比较突出的表现。

6. 人际交往智能

人际交往智能指个体与人相处和交往的能力。表现为个人觉察、体验他人情绪、情感和意图并据此做出适宜反应的能力，在政治家、管理者、外交家、教师、律师、推销员、公关人员和谈话节目主持人等身上有比较突出的表现。

7. 自我认识智能

自我认识智能指个体认识、洞察和反省自身的能力。表现为个人能够正确地意识和评价自身的情绪、动机、欲望、个性、意志，并在正确的自我意识和自我评价的基础上形成自尊、自律和自制的能力，在哲学家、小说家、律师等身上有比较突出的表现。

8. 自然观察智能

自然观察智能指善于观察自然界中的各种事物，对物体进行辩论和分类的能力。这项智能有着强烈的好奇心和求知欲，有着敏锐的观察能力，能了解各种事物的细微差别，在天文学家、生物学家、地质学家、考古学家、环境设计师等身上有比较突出的表现。

上述八种智能并非单独存在，而是在很多时候，都是以整体方式存在。例如：成为一个成功的小提琴家，并不单单依赖音乐智能就足够了，同时，还需要靠身体运动智能来发挥精密的技巧，并还需擅用人际交往智能来与观众沟通，甚至选择好的经纪人。

第二节　八种智能的教学

每个人具有的各种智能水平存在差异，而每种智能都对个人发展有价值。多元智能教学理论提出，智能既可以是教学的内容，又可以是与教学内容沟通的手段或媒体。这个特点对于教学是很重要的。[①] 本节重点介绍：围绕“为理解而教”的八种智能教学目标设计及具体教学策略；八种智能教学的课程设计；实施八种智能教学的教师素养。

一、为理解而教的教学目标设计

教育的目标是培养学生真正理解并学以致用的能力。“真正理解”的含义包括：首先，看学生能不能用自己的语言解释概念、进行知识的内化；其次，能否对新知识进行迁移并生发出新的推论，举一反三，触类旁通；最后，能否用所学的知识解决实际问题并有所创新，这是理解的最高层次，也是理解要达到的真正目标。“为理解而教”作为多元智能追求的教学目标，支撑着整个教学体系，统领着整个教学过程。为实现“为理解而教”，可采取的具体教学策略有以下几个方面。

（一）缩减和精选课程内容

精选内容是帮助学生实现真正理解的有效策略。为此教师首先应该放弃“涵盖一切”的错误做法，奉行“少就是多”的原则。首先，教

① 霍华德·加德纳．多元智能［M］．沈致隆，译．北京：新华出版社，1999：35．

师之间要加强联系，不仅融会贯通本学科基本知识结构，而且要了解相关学科知识的内在联系，进而明确学生必须获得的知识和技能，筛选出各门学科的“核心知识”。学生掌握了学科的基本结构，才能举一反三，并在变化的情境中进行运用。其次，要围绕“核心知识”进行课程整合。在这一环节中，围绕广泛的主题组织课程是非常重要的。

如何选择主题进行教学，美国一所多元智能实验学校的“系统轮”（见图6.1）值得借鉴。即教师要求学生在空白纸的中央画一个圆圈，并把这个主题的名称写在里面。接着，学生们用头脑风暴的方法，想一想圆圈里的主题与哪些问题相关，一旦确定相关联的问题，学生可以从原来画的圆圈中，画出相当数目的线条，并在每个线条的尾端再画一个圆圈。在每个新的圆圈里面填入想到的问题，由此可以产生出问题链，从问题链中提出符合需要的内容。每个学生都有自己特有的思维方式，围绕主题进行不同学科的切入，有利于学生用不同的思维方式和智能类型，全面而深刻地理解概念。

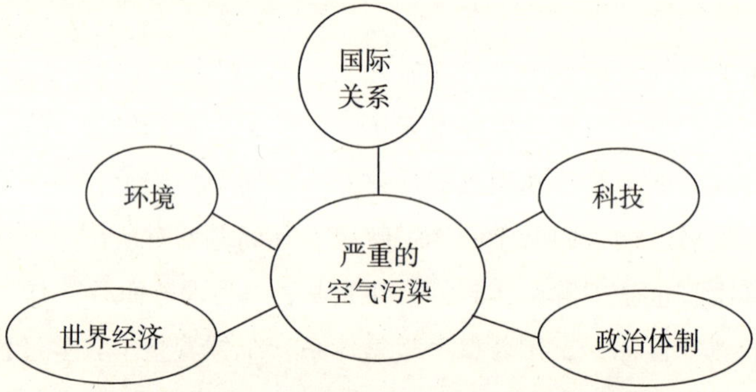

图6.1　围绕“严重的空气污染”的系统轮图

（二）探索问题解决的教学模式

在多元智能理论指导下，美国的琼·梅克（Maker，J.）教授经过15年的研究，创立了以培养学生能力为目的的“问题体系”。这个体系以“问题”为中心，以“方法”为中介，以答案为结果，根据学生能力的发展水平构建了5个层次的问题，突出了“问题解决”对开发学生潜能、形成真正理解并学以致用的能力。北京市西城区什刹海小学借鉴梅克的“问题体系”，在课堂教学中进行了卓有成效的“问题解决”教学的模式，即“创设问题情境、自主合作探求、实际应用、总结升华”四步骤的问题解决的教学模式。

例如：创设问题情境阶段：在五年级语文课讲授“少年毛泽东”一课时，老师让有条件的学生查找有关毛泽东的故事，在课余给学生讲毛泽东的事迹，在第一学时让学生反复读课文，启发学生依照重点词句进行提问。在老师的引导下，学生提出了一个并不明确的问题：“为什么童年的毛泽东爱读‘杂书’，还能成为国家领导人?”自主合作探求问题阶段：教师根据学生的差异，将全班分成几个小组，围绕“问题”利用个人学习和小组讨论的方式，寻找解决问题的途径和方法。经过学生们的积极思考、热烈讨论，各小组争着汇报自己的成果：“《三国演义》告诉人们计谋，当主席要有智慧。”“《英豪传》里的人物都能做大事，有志向。”而老师则仔细倾听，不时提出一些问题（这些书和他以后成为伟大领袖到底有多少关系？少年时代的毛泽东读书与立志有关系吗?），让小组间的观点互相碰撞，互相启发，去寻找学生自己认为正确的答案。实际应用阶段：老师提出应用性问题激发学生进一步思考，学生则将所学的新概念和新方法进行迁移并用来解决问题。总结升华阶段：让学生通过归纳方式来概括、总结所学的知识要点，在反思中升华出新的问题并向课后延伸。在总结“少年时代的毛泽东”一课时，学生又提出了“这篇课文究竟想告诉我们什么？是单指读书还是爱国？二者有什么关系?”这就突破了教材局限，为挖掘丰富的课外语文资源埋下了伏笔。①

① 杨雪梅. 为理解而教：多元智能理论追求的教学目标［J］. 北京教育：普教版，2004（4）：23－26.

（三）利用社区教育资源

多元智能教学提倡把“社区引进学校”，并建议学校通过在中小学阶段提供师徒制，让课程具有个人化特征。现代化的博物馆也是非常有价值的社区资源，是真实情境教育的重要部分。它们能提供给学生举行活动的场所，使学生观看或现场操作学科实用技能。它们所展览的内容常常能激发学生的职业兴趣和抱负。由于是在真实的情境中学习，学生探索的欲望很强烈，加深了对所从事活动的理解，提高了解决问题的能力，因而实现了对理解力的培养。

（四）实施情境化的评估手段

多元智能把学生运用所学知识解决具体问题，看做是“真正理解”的表现。如何检验学生的理解力呢？多元智能提倡“在个体参与学习的情境中轻松地进行评估”。情境评估方式的建立需要学校给学生创造丰富、真实的学习环境。丰富的学习环境是指给学生提供更多的机会让他们来表现，特别是那些无法通过填空、选择和简答等形式表现的技能得到以展现。真实的学习环境是指学生完成学习任务的真实情境，像师徒制和博物馆那样的方式。国内外多元智能实验学校的做法，为我们提供了情境化评估的另外几种方式：档案袋评估和进展报告相结合的评价方式、教学内容与评价结合的方式、多主体参与评价的方式，也能帮助教师为学生的理解而教。

八种智能在课堂教学中的设计目标（见图 6.2）。

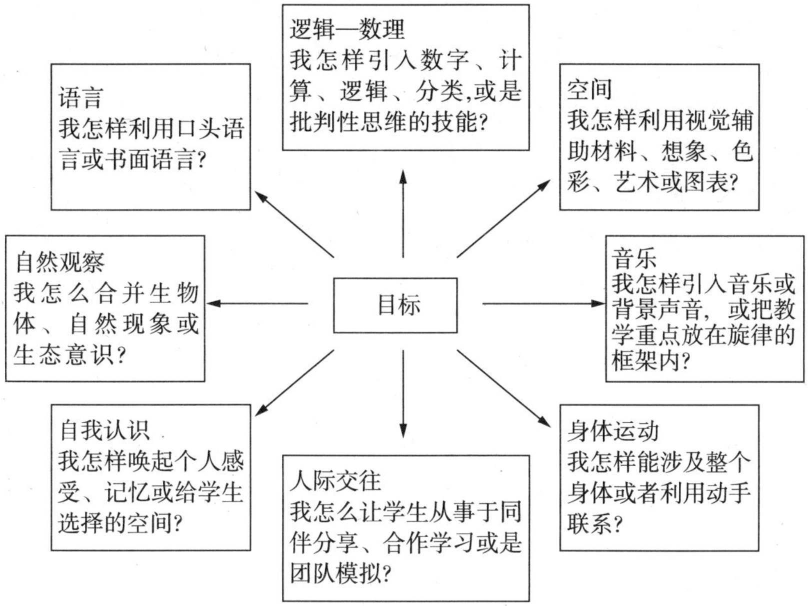

图 6.2 从多元智能角度出发的课堂教学设计图①

二、八种智能教学的课程设计

八种智能既可以应用于特定学科某一课程单元的教学，也可以应用于跨年级、跨学科的一所学校课程的设计。八种智能教学应用到课程中的设计模式是多种多样的，每位教师可以充分发挥自己的创造性，重要的是将多元智能理论应用起来。下面提供应用八种智能的课程设计表以及应用该设计表的教学案例，作为组织多元智能教学的一种选择，供教师参考。

① 阿姆斯特朗．课堂中的多元智能——开展以学生为中心的教学［M］．张咏梅，王振强，等，译．北京：中国轻工业出版社，2003：76.

应用八种智能的课程或单元设计①

课程/单元题目：____________________

课程/单元目标（可以是国家标准）：____________________

预期的学习成果（可以是国家标准）：____________________

课堂资源或材料：____________________

学习活动：

语言：	逻辑—数理：
空间：	身体运动：
音乐：	人际交往：
自我认识：	自然观察：

课程/单元序列：____________________

对学习者成果或标准的评价：____________________

结合八种智能的课程/单元计划的课例

课程/单元题目：光合作用：将阳光转化为食物。

课程/单元目标（可以是国家标准）：学生们将学习作为生命过程一个范例的光合作用的过程。

预期的学习成果（可以是国家标准）：学生将能够解释光合作用的

① 坎贝尔，等. 多元智力教与学的策略：第3版［M］. 霍力岩，等，译. 北京：中国轻工业出版社，2004：293.

过程并将这一系列转化概念与他们自己的生活实际相联系。

课堂资源或材料：展示光合作用过程的挂图或图表，各种不同的音乐磁带或压缩的光碟，播放机，水彩用品，科学课本，事先种下的种子。

学习活动：

语言：阅读描绘光合作用过程的课文章节和适当词汇	逻辑—数理：制作一个光合作用过程的时间表
空间：用水彩描绘光合作用的过程	身体运动：角色扮演光合作用过程中所涉及的“特征”
音乐：用能够表现光合作用顺序中各个步骤的各类音乐选集创编一个音乐短剧表	人际交往：在小组中讨论叶绿素在光合作用中的转化作用，描述与此类似的学生生活
自我认识：撰写一篇反映个人转化经历的日志，并把它和光合作用进行比较	自然观察：比较种子在阳光充足和没有适当光线时的生长状况

课程/单元序列：

①语言活动；②逻辑—数理活动；③身体运动活动；④空间活动；⑤自然观察活动；⑥音乐活动；⑦人际交往活动；⑧自我认识活动。

对学习者成果或标准的评价：

(1) 对数学时间表或绘画评分。

(2) 让同学们互相评价彼此的角色扮演和/或歌曲。

八种智能融入单学科或多学科的教学设计及案例

单学科教学案例：如数学中的“对称”就可以运用不同的智能进行教学设计。

语言智能：用自己的话概括出“对称”的意义。

数理—逻辑智能：从一些图形中找出点对称和线对称的图形（判断推理)。

空间智能：利用对称的原理在方格内设计美术字。

音乐智能：把对称的内容编成一首歌。

身体运动智能：利用对称的原理，用纸折出一只动物。

人际交往智能：与同学讨论如何利用对称图形来装扮教室。

自我认识智能：在这个单元我学到了什么？怎么学的？还有什么问题？打算怎么办？

自然观察智能：假日外出，观察自然中的动植物、景物中哪些是对称的？

多学科教学案例，首先是设计一个共同的主题和内容，而后不同的学科从自己的角度切入这个主题。比如：讲到“黄河”，语文可能是一篇描写黄河的课文或是一首关于黄河的组诗，比如《黄河大合唱》；地理中则可以是介绍黄河的内容；数学中可能涉及黄河的长度、测量、工程方面的应用题等；历史可能涉及黄河的历史故事、与黄河相关的历史事件；美术可能是让学生画出黄河的形状或它奔腾的样子；音乐可能是“黄河大合唱”。这些学科都可以整合到一起学习，运用多元智能进行学习。这种学习既有利于智能的发展，更有利于加深纵横知识的联系，把相关知识综合起来。

多学科应用多元智能包括选择主题、拟定教学目标、设计学习活动、选择或者选编教材、设计教学活动流程、选择教学媒体和资源、决定教学评估、安排教学时间共八个步骤。

例如，以“春天”为主题的统整教学设计。北京和平里第四小学的老师们整合了语文、数学、自然、美术、思想品德等课程内容，设计了以“春天”为主题的综合实践探究课。课程的教学目标，是通过对春天的观察、感受等实践过程，在提出问题、解决问题的学习过程中丰富知识，培养热爱自然和社会生活的情感。他们还设计了教学资源材料，包括实地考察“八大处”、科技读物、描写春天的散文、古诗、音乐磁带、录像带和图片等。

教学过程是：首先，引导学生观察春天，提出有关春天的问题。其次，组织学生到八大处公园“找春天”，在活动中，学生根据要探究的问题和自主学习目标，主动向植物学家提问，了解植物的特点。用放大镜观察青蛙、蚯蚓，让蚯蚓在手上蠕动。用手试水温，感受春江水暖。观春雨，想象春雨像什么。赏柳树，背诵古诗《咏柳》。访游人，询问有关描写春天的语句。

活动结束后，为了帮助学生积累描写春天的语句，又开展了“寻宝”活动，即把从游人那里收集到的60多张纸条藏在校园的花坛内，让学生按照寻宝图找，并记住10个左右的词语。教学中，教师注意运用多种的手段讲课文，又引导学生运用多元智能表达对课文的理解，如朗诵、绘画、舞蹈、表演、查资料等。在学习完几篇课文后，还让学生自己命题写作，进行写话练习，由于学生经过了观察春天、探究自然、写自然日记等活动，有了比较充实的积累，所以大部分同学都写出了真情实感。

这种主题实践课效果明显。其原因：第一，引导学生提出问题、解决问题、开展探究，在这个过程中发展了学生的思维能力；第二，运用了自然观察、人际交往、身体运动、空间、语言等智能学习有关春天的知识，能够加深学生对知识、自然现象等的认识和理解；第三，由于注意了综合，注意各门课程的配合，使学生能够围绕一个主题集中运用多种知识、多种智能进行学习，加深了印象、减少了重复、避免了割裂。①

三、八种智能教学实施的教师素养

要实施多元智能教学，教师要树立“大教育观”，冲破课堂教学的局限，放开视野，立足创新，提高综合素养，在提高开发和运用教育资源的能力和自身人格魅力诸方面下工夫。

（一）综合素养是成功实施八种智能教学的基础

教学设计体现着教师的综合素养。教学设计要考虑的主要问题是：支撑课程的哲学理念是什么？课程的设计是什么？课程的假设是什么？课程的主要组成要素（例如：程序、评价、材料）有哪些？这个方案强调了什么智能？要达到成功，学生必须具备哪些智能？教师必须具备哪些智能？忽略了哪些智能？如何对课程进行修改，使之能包括八种智能？综合考虑这些问题，要认真分析教师自身的智能优势，注重发挥这些优势，形成教学风格。要实施多元智能与学科的融合，教师必须把提高自身的综合素养放在首位，要学习本专业以外的其他多种学科的基本知识。

（二）资源意识是成功实施八种智能教学的关键

多元智能教学是一个开放的理念，是立足课堂、校园、面向社会、世界的教学设计。因此要有利用一切资源的意识，凡是可用来辅助于教学和教育活动的书籍、人物、声像资料、设计、环境、景观等校园内外的一切，都可以统称为教育资源。首先要开发校本资源。例如，北京市第二中学在社会上被誉为“作家摇篮”，学校充分利用这一独特的教育资源，请著名作家到校，举办文学讲座指导写作，各种文学社办得红红

---

① 欧阳芬．多元智能与建构主义理论在课堂教学中的应用［M］．北京：中国轻工出版社，2007：51－55.

火火。每所学校都有可利用的教育资源，如校友、家长就是宝贵的人力资源。社会上的博物馆、科技馆、图书馆、文化馆、名人故居、历史遗迹等都是教育资源。

（三）人格魅力是成功实施八种智能教学的灵魂

教师的人格魅力对学生的影响，至少表现在智慧启迪、心灵呼唤和情感共鸣三个方面。首先，教师对职业的热爱是最好的示范作用。当学生看到教师把自己的工作视为崇高的事业，全身心地投入，必然唤起学生对教师所教学科的热爱。其次，在教学全过程中，教师要尽力使自己具备“学生的心灵”。即用“学生的大脑”去思考，用“学生的眼光”去观察，用“学生的情感”去体验，努力发现每个学生的兴奋点、闪光点、支撑点、生长点。这些点正是多元智能的基点。抓住学生的点，才能与学生沟通，才能用心灵塑造心灵。第三，教师要力争与学生“零距离接触”，力求情感的共鸣。

第三节　基于多元智能的发展性评价

多元智能教学理论认为，个体的智能并不是一生不变的，而是动态发展的，如果给予适当的教育，学生的各项智能都能得到最好的发展。评价并不仅仅意味着结果的呈现以及在此基础上的分等分级和排序，还应该反映学生的学习过程，描述学生在不同学习阶段的成长状况。多元智能的评价必须着眼于学生的进步，以多维度的、全面的、发展的眼光来评价学生，发展性、形成性评价比终结性评价在多元智能教学中更有意义。本节重点介绍多元智能发展性评价的出发点、操作方法及注意要点。

一、多元智能发展性评价的出发点

多元智能评价的根本目的是促进学生发展。多元智能发展性评价要求教师多角度、多层面地去评价学生的发展过程和现有水平。要改变单纯围绕语言智能和数理—逻辑智能组织教学和进行评价的做法，强调围绕多元智能，使每个学生都能选择适合其智能特点的途径进行学习，选择适合其智能特点的特定方式展现自己的知识和能力。

多元智能发展性评价包括内容和方法的多元化。评价内容不仅包括语言智能和逻辑—数理智能方面的评价，还包括音乐智能、人际交往智能、自我认识智能、自然观察智能、空间智能以及身体运动智能方面的评价。评价方式不仅包括笔试，而且包括口试、专题作业评价、实作评价、观察以及师生之间的互动与交流等方式。发展性评价应遵循的原则是评价方法的交互化、评价过程的个别化、评价结果的模糊化。

（一）评价方法的交互化

发展性评价要求教师通过多种途径去评价，以获得更多的信息，使评价更加合理。不仅由教师评价学生，而且要让学生成为评价的主体，进行自我评价以及相互评价，如同伴评价、小组互评、组间互评等，既发展了学生的自我认识智能，又培养了学生初步的民主意识。多元的评估方法还包括从多种来源获得对学生表现的反馈。事实上，理想的评价可以包括三个方面：内容和技能的评估；来自同伴、父母或其他共处成员的人际交往评价；来自负责评价自己成就的学生的自我评价。例如，纳入以上三个方面并面向小学生的报告卡。这种报告卡扩大了传统上学校对学生的进步进行学期评价的方法。

不同视角的报告卡①

姓名：________________日期：________________

在下列这些类别中你是如何做的？

在“自我”下面的方框中写出一个句子，描述你在每一个领域的进步。

然后，要求同班同学来评估你的表现，写在第二栏中。

下一步，把它带回家让父母或其他成人在第三栏中评估你的工作。

比较和对比每一个人对于你的进步的不同观点。你是否同意他们的评论？在这个卡的背面写出你对这些反映的反馈，完成后把这张卡片放在你的档案袋里。

评价领域	自我	同班同学	成人
语言艺术			
读			
写			
说			
听			
视觉和表演艺术			
音乐			
律动			
画画			
数学			
计算			
问题解决			

① 坎贝尔，等. 多元智力教与学的策略：第3版［M］. 霍力岩，等，译. 北京：中国轻工业出版社，2004：329.

续表

评价领域	自我	同班同学	成人
中心工作			
完成任务			
与其他人的合作			
个人计划			
研究			
策划			
呈现			

（二）评价过程的个别化

发展性评价更要求教师从个体发展的角度去评价学生，不能单拿他们与班内其他同学进行横向比较，更要看重他们在原有基础上纵向前进了多少，以及发展到了一个什么样的水平。因此，特别要重视记录成长过程。借助“过程档案袋”，多元智能评价为学生、教师、父母和其他人提供被评估者的进步和内在成长的证据。过程档案袋记录了最初的目标、草稿及修改稿，包括了早期的和晚期的工作，还包含日志项目、照片或者影响学生工作的其他项目。过程档案袋不仅是存储资料，还为学生和教师提供了有关学习与发展的对话机会。教师、学生、校外专家之间对档案袋的内容不断进行交流，可以把课堂变成一个促进学生知识和技能的习得、为学生的生活而反思课程意义的实验室。当教师和学生一起回顾档案袋时，教师应该帮助学生辨别出他所有的强项、弱项、目标和学习策略，以便学生可以认识到自己所取得的全部成果、面临的全部困难以及下一步将要完成的目标。过程档案袋不仅可以服务于一个长期的自然状态下的评估，而且还鼓励学生发现自己学习上的发展，使学生成为一个积极的学习者。

（三）评价结果的模糊化

发展性评价更看重学生的发展，因此，教师要对每个学生作出两种评价：一是对学生现有学习水平以及发展能力作出较为清晰的、相对正确的评价，对他的发展趋势作出预测，并据此指导自己的教学行为；二是根据前面的清晰评价，去考虑自己反馈给学生的评价对学生的后继发展会产生怎样的影响。教师作出的模糊评价应充分考虑学生的个性心理因素，或高或低于相关的清晰评价，提出建设性的意见，以激发促使他发展的积极因素。如为每一位学生设立“学习过程档案”，内含学生已完成的作品（包括学生的作业、制作的教学模型、撰写的小论文等），同时将作品产生的过程、自己对作品的反思等记录在案，为孩子们的全面评价提供一个客观的依据。

二、多元智能发展性评价的操作方法

了解学生的智能特点及其发展状况是对学生进行教育教学的前提。作为教师首先应该通过评价了解每个学生的智能特点及其智能发展程度，尤其是了解其多元智能结构中的优势智能，以及不同智能领域中的相对长处和能力。同时，对每个学生智能特点及其智能发展状况的了解，也是多元智能教学评价的应有之义。

（一）观察法

判断学生不同智能发展倾向的最好办法是观察他们在课堂上规矩的表现。有语言天赋的学生经常在课堂上乱讲话，空间智能发展较好的学生会乱涂乱画或做白日梦，有运动感的学生总是坐立不安。这些蕴涵特殊智能的不良行为，是在寻求一种帮助——标明学生需要怎样受教育。另一种判断学生的智能因素倾向的方法是观察他们在学校的空闲时间里做什么。换句话说，当没有人告诉学生该做什么时他们在做什么。如果课堂上有“自主时间”，学生可以自主选择一些活动，观察他们选择了哪些活动？有语言天赋的学生可能选择书籍，喜欢参加社会活动的学生倾向于小组活动或与人聊天，有空间感的学生倾向于绘画，喜欢身体运动的学生选择动手活动。

观察法还分为一般观察法和集中观察。一般观察是一种不加以人为力量控制且较为宽泛的观察，集中观察则往往集中于学生智能的一些特别方面或集中于某一组特别的学生身上，观察时让学生集中从事一些特别的活动。比如，要想评价学生的人际交往智能，教师可以举行一次集体辩论会，将学生分成小组，每个小组就某一个问题展开讨论，教师可以在学生讨论时观察学生的表现，并把一些典型的行为记录下来。观察法是在自然的情境下进行的，所观察的结果通常是学生的典型表现，而不是最佳表现，因此观察结果更接近学生智能的真实发展状况，观察法的好处是比较易于实施，基本上不受时间、地点及其他各种条件的限制，不过，观察法的缺点是不系统和比较耗时费力等。[①]

（二）多元智能评价量表

如果将所观察的项目加以系统化，并制成相应的表格，这样观察就可以变得较为系统，也比较容易操作。这种表格就是多元智能评价量表。可以说，多元智能评价量表是了解学生智能状况的简单有效的方法。以语言智能和逻辑—数理智能为例的评价量表如下。

课堂上评价学生多元智能的量表[②]

学生的名字：__________

测验项目

---

① 欧阳芬．多元智能与建构注意理论在课堂教学中的应用［M］．北京：中国轻工出版社，2007：64．

② 阿姆斯特朗．课堂中的多元智能——开展以学生为中心的教学［M］．张咏梅，王振强，等，译．北京：中国轻工业出版社，2003：38－39．

语言智能

__________比同龄人平均写作水平高

__________能够讲笑话和故事

__________对姓名、地名、日期和琐碎的事情有较好的记忆力

__________喜欢文字游戏

__________能准确地拼写单词（如果是学龄前儿童，拼写能力比同龄人发展得快）

__________欣赏韵文，讲绕口令等

__________喜欢听讲话（如故事、广播中的评论、谈论、书籍等）

__________有相当多的词汇

__________与别人交流有较高的口头表达能力

其他语言能力

逻辑—数理智能

__________询问许多事物是如何工作的问题

__________喜欢用数字工作和玩耍

__________喜欢数学课（如果是学龄前儿童，喜欢数数和用数字做其他游戏）

__________对数学和计算机有兴趣（如没有计算机，喜欢其他的数学或科学游戏）

__________喜欢国际象棋、跳棋或其他的战略游戏

__________喜欢游戏迷宫或谜语（如果是学龄前儿童，喜欢听有逻辑而无意义的事情）

__________喜欢给事物分类、分层次或其他的逻辑形式

__________喜欢在科学课上或课外做实验

__________对与科学有关的课程有兴趣

__________较好地完成逻辑思维的皮亚杰评价

其他逻辑—数理智能

也可以采用以下形式。这里以逻辑—数理智能为例，其智能评价量

表的设计如下所示。

逻辑—数理智能评价量表

判断每项表现适合某个学生的程度，并在相应的空格内打上对号。

项　目	很适合（3分）	比较适合（2分）	一般（1分）	不适合（0分）
(1) 心算对他来说很容易				
(2) 喜欢数、理、化或自然课程				
(3) 喜欢玩与数理、逻辑有关的游戏				
(4) 喜欢做一些假设实验				
(5) 喜欢在各种事物或数据之间寻找模式或关系				
(6) 对科学的新发展很感兴趣				
(7) 相信几乎所有的事情都有合理的解释				
(8) 有时会有清楚的、抽象的、非语言所能表达的观念				
(9) 喜欢指出人们在日常言行中的不合理、矛盾之处				
(10) 喜欢将事物归类、分组或数据化				

为了保证评价的科学性，在运用多元智能评价量表时需要注意以下几点。

第一，在运用多元智能评价量表之前，参与评价的老师要对每一个评价项目的含义、评价环境及评价标准进行研讨，达成共识。也就是说，教师要明白在哪些学习和活动环境中较容易观察到学生该项智能的特征，并尝试理解不同评价标准的含义。

第二，要确保每种智能量表的观察项目具有广泛性、代表性，在数量上一般不要少于十项，以较为全面、真实地体现该项智能的特点。

第三，应避免在信息不全的情况下，以偏赅全，主观地得出有欠根据的结论。

第四，应防止带着主观偏见观察学生的智能表现，亦即避免先判断后观察，要如实地反映学生的智能表现。

第五，避免用不恰当的愿望和要求影响学生的表现，要确保观察到学生智能的典型表现。

第六，秉持“每个学生的智能都是独特的”这一理念，不要试图对不同学生的智能表现进行排序。

第七，在一个班或一个年级学生的多元智能评价结果出来以后，要运用统计分析剔除无效项目（即并不能体现该项智能的特点和发展状况的评价项目）。这样做并不会对本次的智能评价结果产生大的影响，因为体现某一智能的项目有许多；同时，在下次使用该评价量表时效率也会更高。

三、多元智能发展性评价的要点

发展性评价应该关注学生的学习变化及成长历程，为对个体实施有效的因材施教积累依据。发展性评价应是多元的，在真实情境的互动中进行，不能仅仅是一份静态的试卷。陶行知先生曾说：“你的教鞭下有瓦特，你的冷眼里有牛顿，你的讥笑中有爱迪生。”教师应相信每个学生都具备成功的潜能。进行发展性评价最根本的是要树立科学、开放的评价观。

（一）树立科学、开放的评价观

评价是教育教学活动中极为重要的一环。树立全新的、科学的评价观在于：通过多种渠道，采取多种形式，在多种不同的实际生活和学习情境下进行的、确实考查学生解决实际问题的能力的评价。教师应从多方面、多角度评价学生的优点和弱点，并把由此得来的资料作为服务于学生的出发点，选择和设计适宜的教学内容和教学方法。

（二）开放性评价促使学生充分发挥个性和完善智力发展

如在学习完地图的内容后，学生是否记住地图的要素，是否会用地图的基本要素绘制地图并非是评价的唯一标准。教师要认识到：学生能发现并提出快速了解地图内容的方法，可以作为其空间智能得到发展的评价；在实际生活中，学生能正确地应用地图，在应用中发现问题并提出自己的见解，可以作为其自我认识智能得到发展的评价；学生根据自己的兴趣提出盲人电子地图并寻求合作者，可以作为其逻辑—数理智能、人际交往智能得到发展的评价。再如化学课堂中的开放性评价设计可有如下方面。语言智能：让学生以讲故事的形式学习化学家的事迹和化学史；音乐智能：把学生感到难记忆的元素周期表冠以简单的乐谱，加以演唱和记忆；身体运动智能：让学生进行独立的综合实验操作；逻辑—数理智能：通过同一主族周期元素结构的相似性，推测某些未知元素的原子核外电子的排布及性质；空间智能：展示某些有机分子的模型及参加学习活动的重要资料，或者引导学生动手做一些模型来表示有机物的空间构型；人际交往智能：让学生组织研究性课题的实施，分组合作，联系实施场地，写出调查报告；自我认识智能：教学生学会认识自我、反省自我。

（三）根据学生的不同发展时期做出不同的评价

教育的目的是实现学生的全面发展，即学生八种智能的共同发展。但必须认识到学生个体之间的天赋、潜在能力、个性和特长有极大的不同，发展的前景也各不相同。因此，对于每个学生来说，只要在原有的基础和水平上有所发展，能够达到一个基本水准，并且在适宜其特点的方向上不断发展，有自己的特长，就是实现了全面发展。这样的评价，可以为学生的个性提供充足的发展空间，有利于学生的主动探究精神的发挥。

多元智能教学理论对我国教育教学改革产生了有益的启示。首先，要树立积极乐观的学生观。每一个学生的智能都各具特点并有自己独特的表现形式，有自己的学习类型和学习方法。学校里应该聚集具有不同智能特点、智能表现形式、学习类型、学习方法和发展方向的可造就人才，而不应该有所谓“差生”的存在。教师要充分尊重每一个学生的智能特点，依据不同学生和不同智能特点，选择和设计适宜的教学内容和教学方法。其次，要注重培养学生的创造能力。教育教学内容的重点应该从培养学生的实践能力着手，着重培养学生的创造能力即解决现实生活中实际问题的能力和创造出社会需要的物质产品和精神产品的能力。最后，要强调保证学生的全面发展。学校的教育教学活动应向学生展示多方面的智能领域，在真正意义上保证学生的全面发展。

出 版 人　所广一
责任编辑　谭文明
版式设计　贾艳凤
责任校对　张　珍
责任印制　曲凤玲

图书在版编目(CIP)数据

当代国外教学理论/郝志军等编著.—修订本.
北京:教育科学出版社,2012.1(2014.4 重印)
(新世纪教师教育丛书/袁振国主编)
ISBN 978-7-5041-6163-5

Ⅰ.①当…　Ⅱ.①郝…　Ⅲ.①教学理论—国外
Ⅳ.①G42

中国版本图书馆 CIP 数据核字(2011)第 255703 号

新世纪教师教育丛书
当代国外教学理论
DANGDAI GUOWAI JIAOXUE LILUN

出版发行	教育科学出版社		
社　址	北京·朝阳区安慧北里安园甲 9 号	**市场部电话**	010-64989009
邮　编	100101	**编辑部电话**	010-64981277
传　真	010-64891796	**网　址**	http://www.esph.com.cn
经　销	各地新华书店		
制　作	北京金奥都图文制作中心		
印　刷	保定市中画美凯印刷有限公司	**版　次**	2012 年 1 月第 1 版
开　本	169 毫米×239 毫米　16 开	**印　次**	2014 年 4 月第 2 次印刷
印　张	12.25	**印　数**	3 001—6 000 册
字　数	162 千	**定　价**	25.00 元